글로벌
금융
키워드

글로벌 금융 키워드

초판 1쇄 발행 2024년 1월 10일

지은이 김신회
펴낸이 배충현
펴낸곳 갈라북스
출판등록 2011년 9월 19일(제2015-000098호)
전화 (031)970-9102 / **팩스** (031)970-9103
블로그 blog.naver.galabooks
페이스북 www.facebook.com/bookgala
이메일 galabooks@naver.com

ISBN 979-11-86518-76-2 (03320)

「이 도서의 국립중앙도서관 출판예정도서목록(CIP)은 서지정보유통지원시스템 홈페이지
(http://seoji.nl.go.kr)와 국가자료공동목록시스템(http://www.nl.go.kr/kolisnet)에서 이용
하실 수 있습니다.」

영어로 쉽게 읽는 월스트리트

글로벌 금융 키워드

유력 경제 외신 원문을 예문으로…
서학개미를 위한 좋은 참고서

．．．．．
．．．．
．．．

이 책은 경제와 금융시장을 다룬 책이다. 거시경제와 금융시장의 흐름을 이해하는 데 필요한 개념들을 소개한다. 그렇다고 정색하고 쓴 딱딱한 이론서는 아니다.

이 책은 영어에 관한 책이기도 하다. 주요 개념들을 설명할 때 영어를 함께 적었고, 알아둘 만한 영어표현도 곁들였다. 또 '월스트리트저널'(The Wall Street Journal), '파이낸셜타임스'(Financial Times), '블룸버그'(Bloomberg)와 같은 유력 경제매체들의 영문기사나 영문 보고서 등의 원문을 예문으로 활용했다. 예문은 영문이해도를 높이고자 직역 위주로 풀었다. 그렇다고 영어 학습서라고도 할 수 없다.

이 책은 글로벌 금융시장의 흐름을 제대로 읽고자 하는 이들을 위한 책이다. 월스트리트가 세계 시장을 주도하고 있는 만큼 초점은 미국에 맞췄다. 특히 해외주식에 투자하는 서학개미들에겐 좋은 참고서가 될 것으로 기대한다.

어떤 투자든 가장 좋은 방법은 데이터로 트렌드를 파악하는 것이다. 경제지표와 기업실적 같은 숫자와 연일 쏟아지는 뉴스 등 참고할 데이터는 차고 넘친다. 데이터 홍수에서 옥석을 가릴 때 유력 영문 경제매체들이 전하는 기사만큼 요긴한 게 없다. 이들은 정보 접근력이 뛰어날 뿐 아니라 선별한 자료를 분석해 알기 쉽게 전달한다.

기사에서 다룬 원자료를 찾아보는 재미도 쏠쏠하다. 유력매체들의 시선을 쫓다 보면 어느새 시장을 보는 시야도 트일 것이다.

다만 영어를 좀 한다고 자신하는 이들도 영문 경제매체들의 기사를 접하면 낙담하기 쉽다. 우리말로 쓴 경제신문 기사도 암호처럼 느낄 때가 있으니 당연한 일이다. 경제신문 국제경제 기자만 십수 년 한 저자가 경험한 바로는 영문기사도 읽고 또 읽으면 곧 그 패턴에 익숙해진다. 이 책의 예문들만 잘 소화해도 충분하리라 자신한다.

1장부터 5장까지는 거시경제 기초편이다. GDP부터 인플레이션, 고용, 미국 중앙은행인 연방준비제도(Fed)와 통화정책, 재정정책을 다뤘다. 핵심은 경기순환과 시장 유동성이다.

6장부터 9장까지는 시장편이다. 주식, 채권, 외환, 상품시장을 차례로 들여다본다. 각 시장의 기본 메커니즘과 중요한 변수, 시장 흐름을 읽는 데 필요한 개념들을 소개한다.

마지막 10장에서는 20세기 이후 세계 경제와 글로벌 금융시장이 직면했던 초대형 위기를 되돌아봤다. 1장부터 9장까지 다룬 내용의 종합편이기도 하다. 20세기 최고의 강세장을 초토화한 1929년 '월가 대폭락'을 시작으로 1987년 '블랙먼데이', 2001~2002년 '닷컴버블 붕괴', 최근의 글로벌 금융위기와 코로나 팬데믹 사태에 이르기까지 반복된 위기가 시장에 던진 교훈은 탐욕을 경계하라는 것이다.

시장이 요동칠 때마다 가장 위태로운 게 이른바 개미들이다. 개미의 탐욕은 무지에서 비롯되는 경우가 많다. '묻지마 투자'가 바로 무지의 산물이다. 초보 투자자들이 이 책을 통해 경제와 금융에 대한 이해도를 높여 스스로 시장을 읽고, 합리적인 판단을 내릴 수 있게 된다면 더 바랄 게 없다.

Contents

1

GDP

GDP를 읽는 법

경제성과의 가늠자

국내총생산(gross domestic product · GDP)은 한 나라의 경제 규모와 성과를 보여주는 지표다. 나라 안에서 일정 기간 생산된 재화와 서비스의 총 시장가치를 나타낸다. 기간을 두고 비교하면 그 사이 경제성과를 가늠할 수 있다. GDP가 이전 비교 시점보다 늘었다면 경제가 성장한 것이고, 줄었다면 쪼그라든 것이다. 이를 백분율로 나타낸 것이 성장률(growth rate)이다. GDP가 줄면 성장률은 '마이너스'(−)가 된다. '마이너스 성장'(negative growth), 곧 '역(逆)성장'이다.

Real gross domestic product (GDP) increased at an annual rate of 7.0 percent in the fourth quarter of 2021, according to the "second" estimate released by the Bureau of Economic Analysis.

In the third quarter, real GDP increased 2.3 percent.

The GDP estimate released today is based on more complete source data than were available for the "advance" estimate issued last month. In the advance estimate, the increase in real GDP was 6.9 percent.*

경제분석국(BEA)이 공개한 2차 추정치에 따르면, 실질 국내총생산이 2021년 4분기에 연율 7.0% 증가했다. 3분기에는 실질 GDP가 2.3% 늘었다.

오늘 낸 GDP는 지난달 발표된 잠정치에 쓸 수 있었던 것보다 더 완벽한 자료에 근거한 것이다. 잠정치에서 실질 GDP는 6.9% 증가했다.

미국의 2021년 4분기 '실질 성장률'(real growth rate) '2차 추정치'(second estimate)가 '연율'(annual rate) 7.0%로 '잠정치'(advance estimate) 6.9% 보다 올랐다는 얘기다.

---

* Gross Domestic Product, 4th Quarter and Year 2021 (Second Estimate), Bureau of Economic Analysis

짧은 문장에 미국 GDP에 대한 많은 정보가 담겼다. 우선 미국에서 공식 GDP를 내는 기관은 미국 상무부(U.S. Department of Commerce) 산하 경제분석국(Bureau of Economic Analysis · BEA)이다. 우리나라에서는 한국 은행이 공식 GDP를 낸다.

성장률은 보통 실질 성장률을 의미한다. 명목 GDP(nominal GDP) 대신 실질 GDP(real GDP)를 기준으로 삼는다. 인플레이션의 영향을 뺀 수치다.

물가가 지속적으로 오르는 걸 인플레이션(인플레이션은 뒤에서 따로 다룬다)이라고 하는데, 이는 곧 화폐가치의 하락을 의미한다. 인플레이션이 한창일 때 '1,000원짜리 한 장으로 살 수 있는 게 없더라.'는 식의 투정이 나오는 이유다.

인플레이션이 발생하면 명목 GDP는 자동으로 늘어난다. 1만 원짜리 제품의 가격이 1년 새 1만1,000원으로 오르면, 같은 물량을 생산해도 가격이 오른 만큼 명목 GDP는 커진다. 다만 이는 물가상승분일 뿐 경제 성장이라고 볼 수 없다. 명목 성장률(nominal growth rate)에서 물가상승률(inflation rate)을 뺀 게 실질 성장률이다. 다시 말해 인플레이션을 조정한(inflation adjusted) 값이다.

미국 경제지표에 자주 반영되는 연율(annual rate, annualized rate)이라는 용어도 눈에 띈다. 연율은 비교 시점이 다양한 통계치를 1년 기준으로 환산한 것이다. 월이나 분기의 추세가 1년간 이어질 것이라고 가정해 계산한다. 기준시점이 서로 다른 지표라도 같은 기준인 연율로 환산하면 비교하기 쉽다. 같은 해 태어난 아이들이라도 발육 상태는 일수나 월수에 따라 다르기 마련이다. 이들이 비슷한 속도로 1년간 성장한다고 가정하면 누가 상대적으로 더 크고 작을지 가늠하기 쉽다.

미국은 '연율로 환산한 전 분기 대비 성장률'을 경제성장률 주지표로 삼는다. 이와 달리 한국을 비롯한 다른 주요국은 대개 '전 분기 대비 성장률'을 공식 지표로 쓴다.

GDP처럼 중요한 통계는 보통 세 차례에 걸쳐 낸다는 점도 알아두자. 주요국 당국은 물론 민간 통계기관도 마찬가지다. 보통 '속보치(예비치)→잠정치→최종치(확정치)' 순이다. 영어로는 'advance(flash)→second(preliminary)→third(final) estimate'라고 한다. 뒤로 갈수록 반영되는 자료가 많아 지표의 정확성이 높아진다.

Keyword Expressions

- gross domestic product(GDP) 국내총생산
- real/nominal growth rate 실질/명목 성장률
- negative growth 마이너스 성장
- U.S. Department of Commerce 미국 상무부
- Bureau of Economic Analysis(BEA) 경제분석국
- inflation rate 물가상승률
- inflation[prices] adjusted 인플레이션을 조정한(물가상승률을 뺀)
- annual rate, annualized rate 연율

믿기 힘든 중국 성장률

 GDP가 늘었다는 것은 국내에서 상품과 서비스가 그만큼 잘 팔렸다는 의미다. 내수(domestic demand)가 활발해 기업이 생산을 늘렸다는 뜻이기도 하다. 생산을 늘리려면 공장 설비나 인력을 확충해야 한다. 결국 GDP 증가는 일자리와 급여를 늘려 소비를 자극하고, 이는 다시 기업의 투자를 북돋는 선순환(virtuous circle)을 일으킨다.

 GDP의 증가, 곧 경제 성장은 국민 생활의 안정과 나라의 발전을 뜻하기 때문에 GDP 통계를 실제보다 좋게 꾸미는 사례도 있다. 대표적인 나라가 중국이다.

 중국은 1970년대 말 개혁개방 이후 한동안 두 자릿수 성장세(double-digit growth)로 세계 경제의 확장을 주도했다. 최근에는 성장 속도가 크게 줄었지만, 주요국 가운데는 여전히 높은 성장세를 뽐낸다. 중국이

2022년 3% 성장하는 동안 미국 경제는 2.1% 커지는 데 그쳤다.

전문가들 사이에서는 중국의 성장률을 곧이 봐선 안 된다는 지적이 나온다. 중국이 성장률을 실제보다 부풀리기 일쑤라는 이유에서다. 중국 정부의 통계 조작 가능성을 의심하는 이들은 중국이 매년 공식 성장률을 실제보다 10%가량 높게 발표해 왔다며, 평균 성장률이 실제로는 발표치보다 30%쯤 낮을 것이라고 본다. 심지어 절반은 깎고 봐야 한다고 주장하는 이들도 있다.

GDP figures are "man-made" and therefore unreliable, Li said. When evaluating Liaoning's economy, he focuses on three figures: 1) electricity consumption, which was up 10 percent in Liaoning last year; 2) volume of rail cargo, which is fairly accurate because fees are charged for each unit of weight; and 3) amount of loans disbursed, which also tends to be accurate given the interest fees charged.

By looking at these three figures, Li said he can measure with relative accuracy the speed of economic growth. All other figures, especially GDP statistics, are "for reference only," he said smiling.*

GDP(국내총생산) 수치는 "인위적"이어서 신뢰할 수 없다고 리 서기가 말했다. 랴오닝성의 경제를 평가할 때 그는 3개의 수치에 주목한다. 1)전력소비량, 랴오닝성에서는 지난해 10% 늘었다. 2)철도화물량, 무게 단위에 따라 요금이 부과되기 때문에 꽤 정확하다. 3)대출량, 이자 수수료가 부과되기 때문에 역시 정확한 경향이 있다.

리 서기는 이 세 가지 수치를 보고 경제 성장 속도를 비교적 정확하게 측정할 수 있다고 말했다. 그는 다른 모든 수치들, 특히 GDP 통계는 "참고용일 뿐"이라고 웃으며 말했다.

인용문은 폭로 전문 사이트 '위키리크스'(Wikileaks)가 2010년 공개한 미국 외교 전문의 일부다. 리커창 전 중국 총리가 랴오닝성 서기로 있던 2007년, 중국 주재 미국 대사로 있던 클라크 랜트가 리 당시 서기와 대화한 내용을 본국에 보고한 것이다. 시진핑 체계가 들어선 2013년부터 10년간 중국 경제정책을 주도했던 리 전 총리 스스로 당국의 통계를 불신했다는 사실이 놀랍다. '인위적'(man–made)이라며 말이

---

* Fifth Generation Star Li KeQiang Discusses Domestic Challenges, Trade Relations with Ambassador, WikiLeaks

다. '조작하다'는 manipulate, 자료를 보기 좋게 꾸미는 '분식'(粉食)은 window-dressing이라고 한다.

중국 정부의 성장률 통계에 대한 불신 탓에 시장에선 대안을 찾아왔다. 중국 경제의 실체를 제대로 파악해 합리적인 투자 결정을 내리기 위해서다. 대안 지표로 그동안 가장 주목받은 게 이른바 '리커창 지수'(Li Keqiang index)다. 리 전 총리가 언급한 전력소비량, 철도화물량, 대출액 등이 그 변수들이다.

최근에는 리커창지수도 한물갔다는 평가가 나온다. 중국 경제가 계속 진화하고 있기 때문이다. 시진핑 지도부는 출범 때부터 제조업(manufacturing)과 기반시설(infrastructure) 등에 대한 투자에 의존해 온 경제를 서비스업과 내수 중심으로 전환하는 구조개혁(structural reform)을 추진해 왔다.

이에 따라 중국에선 정보기술, 청정에너지, 첨단 소재 등이 주축이 된 '신경제'(new economy)의 비중이 갈수록 높아지고 있다. 리커창지수의 변수만으로는 가늠하기 어려운 신경제가 중국 경제에서 차지하는 비중은 3분의 1에 달한다. 미국 월가의 투자 공룡들이 최근 중국 경제를 읽기 위해 인공위성 사진이나 인터넷 검색·스마트폰 데이터, 신용카드·전자상거래 매출지표를 비롯한 빅데이터(big data)를 눈여겨보는 이유다.

한편 중국은 매년 3월 전국인민대표대회(전인대 National People's Congress·NPC) 개막식에서 그해 공식 성장률 목표치를 제시한다. 전인대는 중국의 국정 최고 의결기구, 우리의 의회에 해당한다. 최고 정책자문회의인 전국인민정치협상회의(정협 Chinese People's Political Consultative Conference · CPPCC)와 함께 '양회'(Lianghui)라고 불린다.

중국은 2023년 전인대에서 성장률 목표로 '5% 안팎'을 제시했다. 이는 중국이 성장률 목표치를 공개하기 시작한 1994년 이후 가장 낮은 수치다.

Keyword Expressions

- domestic[home] demand[consumption] 내수
- virtuous circle 선순환 / vicious circle 악순환
- double-digit growth 두 자릿수 성장(성장률)
- man-made 인위적인(artificial)
- manipulate ~을 조작하다 / window-dressing 분식(粉食)
- disburse 지출하다
- Li Keqiang index 리커창 지수
- new economy 신경제
- National People's Congress(NPC) 전국인민대표대회(전인대)
- Chinese People's Political Consultative Conference(CPPCC) 전국인민정치협상회의(정협)
- Lianghui 양회

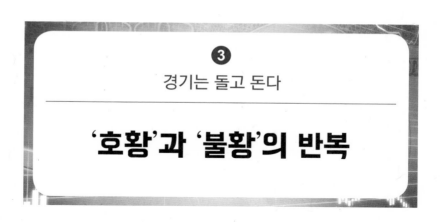

③

경기는 돌고 돈다

'호황'과 '불황'의 반복

경기는 마냥 좋거나 나쁠 수 없다. 호경기를 즐기다 보면 어느새 불경기가 찾아오고, 시간이 지나면 또 나아지기 마련이다. 이를 '경기순환'(business cycle)이라고 한다. 한 나라의 경제활동은 확장(expansion)과 수축(contraction)을 반복한다.

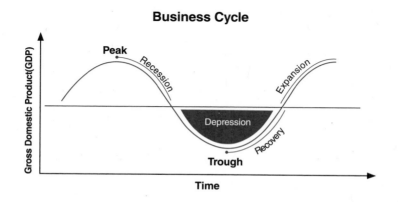

Business Cycle

국내총생산(GDP)이 계속 늘어나는 확장세가 정점(peak)에 도달하면 GDP가 다시 쪼그라드는 수축이 일어난다. 경제성장률이 마이너스(-)를 나타내는 때다. 경기가 뒷걸음질 친다는 뜻에서 '경기후퇴'(recession)라고 한다. 흔한 말로 '경기침체'다. 보통 GDP가 2개 분기 이상 연속 감소(마이너스 성장)하는 걸 '기술적 침체'(technical recession)라고 한다.

경기가 마침내 저점(trough)에서 바닥을 치고 안정적인 회복세로 돌아서면 경기확장이 재개된다. 경기가 회복기에 들어 확장세를 거듭할 때는 생산(production)과 소비(consumption), 매출(revenue)과 소득(income)이 맞물려 함께 늘어나는 선순환(virtuous cycle)이 일어난다. 경기가 정점에서 저점으로 기우는 침체기에는 반대의 악순환(vicious cycle)이 불가피하다.

이처럼 경기는 규칙적인 변동성을 보이지만, 정해진 주기는 없다. 경기가 언제까지 좋다가 나빠질지, 언제 바닥을 치고 되살아날지 예측하기 어렵다.

경기침체가 이례적으로 깊게, 장기간 이어지는 걸 '불황'(depression)이라고 한다. 보통 GDP가 연간 10% 이상 감소하는 침체가 3년 이상 지속되는 경우다. 1929년 미국을 시작으로 전 세계를 휩쓴 '대공황'(Great Depression)이 대표적이다. 무려 10년이나 이어진 대공황 때 미국의 GDP는 30% 쪼그라들었다.

때론 침체 뒤에 나타난 회복세가 본격적인 경기확장으로 이어지지 않고 중단돼 경기가 다시 꺾일 때도 있다. 경기곡선의 모양을 따 '더블

딥'(double dip)이라고 한다. 우리말로 '이중침체'다. 경기가 회복 국면에서 일시적으로 둔화하는 걸 '소프트패치'(soft patch)라고 한다.

또 활황세를 보이던 경기가 급격히 냉각돼 주가가 폭락하고 실업자가 급증하는 걸 '경착륙'(hard landing), 경착륙의 부작용을 최소화하는 걸 '연착륙'(soft landing)이라고 한다.

> Wall Street and Washington are loudly debating whether the US economy can escape a recession -- but that monumental judgment will be made by eight eminent economists meeting quietly and far from public view.
>
> While many countries define an economic downturn as two consecutive quarters of negative growth for gross domestic product, the US defers this assessment to elite academics at the National Bureau of Economic Research, based in Cambridge, Massachusetts, whose leaders scoff at the two-quarter benchmark as simplistic and misleading.
>
> ......
>
> Rather than two negative GDP readings, the NBER is looking for a substantial decline in activity over a sustained period of time. The committee sets dates of the peaks of economic

activity and troughs based on six monthly data series, including nonfarm payrolls, personal consumption spending and industrial production.*

월가와 워싱턴은 미국 경제가 경기침체를 피할 수 있는지를 놓고 큰 소리로 논쟁을 벌이고 있다. 하지만 그 기념비적인 판단은 8명의 저명한 경제학자들이 조용히 대중의 시야에서 멀리 떨어진 곳에서 만날 때 내려질 것이다.

많은 국가가 경기침체를 국내총생산의 2분기 연속 마이너스 성장으로 정의하지만, 미국은 이 평가를 매사추세츠 캠브리지에 있는 전미경제연구소(NBER)의 엘리트 학자들에게 미루고 있다. NBER 대표들은 2분기 벤치마크는 단순하고 오해의 소지가 있다고 비웃는다.

……

NBER는 두 개의 마이너스 GDP 수치보다 지속적인 기간 활동의 현저한 감소를 찾는다. 위원회는 비농업고용지수, 개인소비지출 및 산업생산을 포함한 6개월 연속 지표에 기반을 두고 경제활동의 고점과 저점의 시기를 정한다.

---

* There's No US Recession Until an Obscure Panel of 'Eggheads' Says It Is So, Bloomberg(20220712)

미국에서는 '2개 분기 연속 마이너스 성장'으로 정의하는 기술적 침체를 공식적인 경기침체로 보지 않는다. 더욱이 미국에서 경기침체 여부를 결정하는 건 당국이 아니라 민간조직인 전미경제연구소(National Bureau of Economic Research · NBER) 경기순환판정위원회(Business Cycle Dating Committee)의 몫이다.

NBER는 다양한 경제지표를 근거로 경기가 고점에서 저점으로 향하는 기간을 경기침체로 본다. NBER의 경기침체 정의를 충족하려면 '경제 전반으로 번져 몇 개월 이상 지속되는 경제활동의 현저한 위축' (a significant decline in economic activity that is spread across the economy and lasts more than a few months)이 일어나야 한다.

위원회는 다양한 경제지표(개별 지표는 뒤에서 따로 다룬다)를 근거로 경기 흐름을 판단한다. 비농업고용지수(nonfarm payrolls), 개인소득(personal income), 개인소비지출(personal consumption expenditures), 산업생산(industrial production) 등이다. 이 중에서도 특히 주목하는 게 고용지표다.

NBER는 수 개월간 여러 지표의 흐름을 보고 경기를 판단하기 때문에 이들의 공식 침체 선언은 뒷북이 된다. NBER는 미국의 팬데믹발 침체가 2020년 2월 말부터 4월 초까지 지속됐다고 판단했는데, 이 판정은 침체가 끝난 지 4개월 만에 공표됐다.

글로벌 금융위기 때 일어난 경기침체, 이른바 '대침체'(Great Recession) 에 대한 공식 선언은 무려 12개월 뒤에 나왔다. 1949년 이후 미국에서 10차례 일어난 기술적 침체가 나중에 모두 공식 침체로 인정됐으며,

1960년과 2001년에는 기술적 침체 없이 경기침체 판정이 내려졌다는 사실도 흥미롭다.

별난 경제지표들

구리는 '닥터 코퍼'

경제활동(economic activity)에 관한 통계를 경제지표(economic indicator)라고 한다. 현재 경기를 진단하고 미래 경기를 전망하는 척도다. 각국 정부 부처는 물론 민간기관들이 정기적으로 쏟아내는 지표는 수없이 많다. 국내총생산(GDP·gross domestic product), 소비자/생산자물가지수(consumer/producer price index), 실업률(unemployment rate), 소매판매(retail sales) 같은 게 대표적이다. 주식(stock), 채권(bond), 상품(원자재 commodity) 등을 거래하는 금융시장 지표는 물론 기업들의 실적 보고서(earnings report)도 훌륭한 경기분석 도구로 쓰인다.

재미있는 비공식 지표도 많다. 월스트리트저널(WSJ)은 최근 '립스틱지수'(lipstick index)에 주목했다.

In a gloomy economy, consumers might cut back on other discretionary purchases but will keep shelling out for small luxuries such as lipstick—or so goes the theory. When lipstick sales go up, people don't want to buy dresses," Leonard Lauder, then-chairman of Estée Lauder who is widely credited for coming up with the so-called "lipstick index," told The Wall Street Journal in 2001.

......

Cosmetic companies have also called out strong sales in fragrances, calling it the "fragrance index." Demand has been so robust that there is an industrywide fragrance component shortage, Coty said in a press release announcing third-quarter earnings earlier this month. CEO Sue Nabi said during the call that Coty hasn't seen any kind of trade-down or slowdown, also noting that consumers are shifting away from gifting perfume to buying it for themselves.*

---

* The Lipstick Index Is Back, The Wall Street Journal(20221124)

우울한 경제 상황에서 소비자들은 다른 자유재량 구매를 줄일 수도 있지만 립스틱과 같은 작은 사치품은 계속 구매할 것이다. 그 이론대로다. "립스틱 판매가 증가하면 사람들은 드레스를 사고 싶어 하지 않는다."라고 소위 "립스틱지수"를 고안한 것으로 널리 알려진 레너드 로더 당시 에스티로더 회장이 2001년 월스트리트저널에 말했다.

......

화장품 회사들은 또한 향수의 강력한 판매를 일컬어 "향수지수"라며 주의를 끌었다. 코티는 이달 초 3분기 실적을 발표하는 보도자료에서 업계 전반에 걸쳐 향수 성분이 부족할 정도로 수요가 강했다고 밝혔다. 수 나비 CEO(최고경영자)는 통화 중에 코티가 어떤 소비축소나 둔화도 보지 못했다고 말했다. 또한 소비자들이 향수를 선물하는 것에서 스스로를 위한 구매로 관심을 옮기고 있다는 사실에 주목했다.

립스틱은 필수품(necessity)과 달리 선택적으로 구매하는 자유재량재(discretionary goods)다. 가격 부담이 상대적으로 덜한 사치품(luxuries)으로 경기에 대한 불확실성이 클 때 판매가 늘어난다고 한다. 경기불안이 소소한 자기만족을 위한 수요를 자극한다는 분석이다. 립스틱지수는 '립스틱효과'(lipstick effect)라고도 하는데, 침체를 예고하는 선행지표인 셈이다. 같은 이유로 립스틱이 잘 팔릴 때는 향수 수요도 늘고, 여성들의 구두 굽 또한 높아진다고 한다. 이 상관관계를 나타낸 게 '하이힐 지수'(high heels index)다. 반대로 경기가 되살아날 때면 미니스커트가 유행한다는 '헴라인 이론'(hemline theory)도 있다. '치마길이 이론'(skirt length theory)이라고도 한다.

'남성속옷지수'(men's underwear index)라는 것도 있다. 경기가 나쁠 때 남자들은 굳이 겉으로 드러나지 않는 속옷을 새로 사지 않는다는 전제에서 비롯됐다. 남성 속옷 판매가 갑자기 늘어나면 경기개선을, 급감하면 경기악화를 예고하는 신호로 본다.

이밖에 경기침체기엔 데이팅 앱과 냉동식품 판매가 늘어나고, 반대로 호황기엔 샴페인 판매가 증가하는 경향이 있다. 미국 공영 라디오 방송 NPR의 2011년 조사 결과에 따르면, 미국 경제지표와 미국 내 샴페인 판매고는 90%의 상관관계를 나타냈다. 주목할 건 샴페인 판매 호조가 자칫 거품(bubble)의 전조일 수 있다는 점이다. 미국에서는 1999년 닷컴버블, 2007년 주택시장 거품이 한창일 때 샴페인 판매가 급증했다. 샴페인 판매는 코로나19 팬데믹 사태가 누그러지기 시작한 2021년 역대 최대를 기록하기도 했다.

구리 가격이 치솟을 때는 구리 절도율도 높아진다고 하는데, 투자자들은 이 역시 경기호전 신호로 읽는다. 구리는 주택, 인프라, 제조업 등 산업 전 분야에 두루 쓴다. 공급이 상대적으로 안정적이어서 가격 변동성이 크지 않다. 수요가 늘어날수록 가격이 오른다. 구릿값 상승, 곧 수요 증가는 경제활동이 활발해지고 있다는 방증이 된다. 반대로 경기에 대한 불안감이 커지면 투자가 줄기 때문에 구리 수요가 줄어 가격이 내려가기 쉽다. 이런 이유로 국제 금융시장에서 구리는 '닥터 코퍼'(Dr. Copper)로 통한다. 경기에 대한 선견지명이 경제학 박사만큼이나 용하다는 뜻이다.

Keyword Expressions

- economic indicator 경제지표
- lipstick index 립스틱지수 / lipstick effect 립스틱효과 / fragrance index 향수지수 / high heels index 하이힐지수 *경기가 불안정할 때 판매 증가
- men's underwear index 남성속옷지수 *경기가 불안정할 때 판매 감소
- hemline theory 헴라인 이론 / skirt length theory 치마길이 이론 *경기가 개선될 때 치마길이가 짧아짐
- necessity 필수품(necessaries, must-have, essential goods) / discretionary goods 자유재량재
- cut back on ~을 줄이다
- shell out for ~에 거금을 쏟아붓다
- come up with ~을 제안하다, 생각해내다
- trade down 소비를 줄이다
- slowdown 둔화

2

C H A P T E R

인플레이션

인플레이션과 화폐환상

물가상승은 곧 화폐가치 하락

인플레이션(inflation)은 물가가 지속해서 오르는 현상이다. 똑같은 제품의 가격이 어느 날 1,000원에서 1,100원이 됐다면 10%의 인플레이션이 일어난 셈이다. 이는 화폐가치가 10% 떨어진 것과 마찬가지다. 물가상승은 곧 화폐가치 하락을 의미한다. inflate는 '부풀(어 더 커지)다'라는 뜻으로 가격이 오를 때도 쓴다. 반대로 물가가 지속해서 내리는 현상은 디플레이션(deflation)이라고 한다. deflate는 '공기를 빼다', '오므라들다'라는 뜻이다.

어떤 제품의 가격이 그대로라도 크기나 양이 줄면 가격이 인상된 것과 다름없다. 단위크기(unit size)나 단위중량(unit weight)의 가격이 올랐으니 말이다.

기업들은 원자재 값이나 인건비 상승 등으로 늘어난 생산비용을 곧장 제품 가격에 반영하기 어렵다. 가격 인상에 대한 소비자들의 저항이 만만치 않아서다. 갑자기 가격이 오르면 소비자들은 보다 저렴한 제품으로 눈길을 돌리기 쉽다. 그렇다고 마냥 손해를 볼 수 없는 기업들은 눈에 잘 띄지 않게 늘어난 생산비용 부담의 일부를 소비자들에게 떠넘길 때가 있다. 내용물의 무게나 크기를 줄이는 식으로 말이다. 이를 '슈링크플레이션'(shrinkflation)이라고 한다. 'shrink'(줄다, 오그라들다)와 'inflation'의 합성어다. '수축인플레이션'이라고도 한다. 'skimp'(필요 이상으로 아끼다)라는 단어를 더한 '스킴플레이션'(skimpflation)은 가격은 유지하되, 제품이나 서비스의 질을 낮추는 걸 말한다.

> Groceries are becoming more expensive. What people may not have noticed is they're getting smaller too. By reducing the size of, say, a jar of jam, a food company can effectively charge more for it while avoiding a sticker price hike that would dent sales. It's not a new tactic, but "shrinkflation" is back in vogue now the industry is grappling with soaring costs of everything from wheat to vegetable oils and energy.*

---

* Why Is My Ice Cream Shrinking? Inflation by Stealth, Bloomberg(20220531)

식료품 가격이 점점 비싸지고 있다. 사람들이 알아차리지 못했을 수도 있는 것은 그것들이 점점 작아지고 있기도 하다는 점이다. 예를 들어 잼 한 병의 크기를 줄임으로써 식품회사는 판매에 타격을 줄 수 있는 표시 가격 인상을 피하면서 효과적으로 잼 한 병에 더 많은 돈을 청구할 수 있다. 새로운 전략은 아니지만, 산업계가 밀에서 식물성기름, 에너지에 이르기까지 치솟는 비용과 씨름하고 있기에 "슈링크플레이션"이 다시 유행하고 있다.

'sticker price'(스티커 가격)는 말 그대로 제품에 스티커로 붙여놓은 가격을 뜻한다. 가격이 예상보다 비싸거나 크게 올라 놀라는 걸 '스티커 쇼크'(sticker shock)라고 한다.

실제로 소비자들은 슈링크플레이션을 잘 알아채지 못한다. 경제학자들은 이를 '화폐환상' 또는 '화폐착각'(money illusion)이라는 개념을 들어 설명한다. 미국 경제학자 어빙 피셔(Irving Fisher)가 1920년에 낸 '달러 안정화'(Stabilizing the Dollar)라는 책에서 처음 제시했다.

화폐환상은 자신의 부나 소득을 비롯한 돈을 '실질가치'가 아닌 '명목가치'로 보는 것을 말한다. 1만원은 언제나 1만원이라고 여기기 쉬운데 이는 착각일 뿐이라 게 피셔의 주장이다. 인플레이션은 화폐의 실질가치 하락을 의미한다. 임금이 물가상승률만큼 올랐다면 사실상 동결된 것이고, 임금인상률이 물가상승률에도 못 미치면 실제로는 임금이 깎인 것이다. 월급봉투가 두꺼워졌다고 마냥 좋아할 게 아니라는 얘기다.

그럼에도 화폐환상은 뿌리가 깊다. 한 실험에 따르면 화폐의 명목가치가 유지될 때 임금을 2% 깎은 경우에는 불만이 쏟아졌지만, 물가가 4% 오를 때 임금을 2% 올렸더니 환호가 터져 나왔다고 한다. 사실 두 경우 모두 임금이 2% 줄어든 것인데, 상반된 반응이 나온 것이다.

기업들은 소비자들이 이런 화폐환상 때문에 가격인상에 거부감이 클 것으로 보고 슈링크플레이션을 단행하는 경우가 많다. 다만 양보다 질을 더 중시하는 요즘 소비자들은 차라리 가격을 올리라며 슈링크플레이션에 더 발끈하기도 한다.

Keyword Expressions

- inflate 부풀(어 더 커지)다
- deflate 공기를 빼다, 오므라들다
- shrinkflation 슈링크플레이션(수축인플레이션) / shrink 줄다, 오그라들다
- skimpflation 스킴플레이션 / skimp 필요 이상으로 아끼다
- sticker price 표시가격 / sticker shock 스티커 쇼크
- dent ~을 움푹 들어가게 만들다, 찌그러뜨리다, 훼손하다
- tactic 전략 / strategy 전술
- be back in bogue[style] 다시 유행하다
- now (that) ~이니까, ~이기 때문에
- grapple with 고심하다, 씨름하다
- money[price] illusion 화폐환상, 화폐착각

❷
슈퍼마켓 vs 공장

식탁물가가 결정되는 곳

소비자들이 인플레이션(inflation)을 체감하기 가장 쉬운 곳은 슈퍼마켓이다. 식탁물가가 여기서 결정되기 때문이다. 대형할인점, 음식점이 내건 가격도 생활물가에 직접 영향을 미친다. 이처럼 소비자들이 직접 소비하는 다양한 제품과 서비스의 가격 변동을 보여주는 물가지표를 '소비자물가지수'(consumer price index · CPI)라고 한다. CPI는 소비자뿐 아니라 정책당국, 금융시장, 기업들이 두루 주목하는 간판 물가지표다. CPI 변동률이 곧 물가상승률(inflation rate)이다. CPI가 전월 또는 전년 대비로 오르면 물가상승(인플레이션)이, 반대로 떨어지면 물가하락(디플레이션)이 일어난 것이다. 지속적인 물가상승을 뜻하는 인플레이션은 그 자체로 물가변동, 물가상승률이라는 의미로도 쓴다.

The Consumer Price Index for All Urban Consumers (CPI-U) rose 0.1 percent in May on a seasonally adjusted basis, after increasing 0.4 percent in April, the U.S. Bureau of Labor Statistics reported today. Over the last 12 months, the all items index increased 4.0 percent before seasonal adjustment.

......

The index for all items less food and energy rose 0.4 percent in May, as it did in April and March. Indexes which increased in May include shelter, used cars and trucks, motor vehicle insurance, apparel, and personal care. The index for household furnishings and operations and the index for airline fares were among those that decreased over the month.*

_____

미국 노동통계국은 오늘 모든 도시 소비자들에 대한 소비자물가지수 (CPI-U)가 계절조정 기준으로 지난 4월 0.4% 오른 뒤 5월에는 0.1% 상승했다고 알렸다. 지난 12개월 동안 계절조정 전 전 품목 지수는 4.0% 올랐다.

......

_____

* Consumer Price Index Summary(MAY 2023), U.S. Bureau of Labor Statistics

> 4월과 3월에 그랬던 것처럼, 5월에 식량과 에너지를 제외한 모든 품목에 대한 지수가 0.4% 올랐다. 5월에 상승한 지수는 주거지, 중고차 및 트럭, 자동차 보험, 의류 및 개인 생활용품 등이다. 살림살이 및 가사 지수와 항공 요금 지수는 한 달 새 하락했다.

미국에서 CPI는 노동부(U.S. Department of Labor) 산하 연방기관인 노동통계국(The Bureau of Labor Statistics · BLS)이 매월 발표한다. 예문은 BLS의 월례 발표자료 요약본 일부다. BLS는 도시 소비자들이 쓰는 모든 소비재와 서비스 품목의 가격 변화를 반영하는 '도시소비자물가지수'(Consumer Price Index for All Urban Consumers · CPI-U)를 공식 CPI 지표로 쓴다. 실제로는 약 2만3000개의 소매 · 서비스업체와 5만 채의 임대주택에서 매월 수집한 8만 개가량의 가격 견적을 반영해 산출한다.

'계절조정'이란 계절 변화에 따른 일시적인 변수를 없애는 걸 말한다. 일례로 6월 말에서 7월 말 사이 장마철에는 채소 가격이 들썩이기 쉽다. 가격 변동성을 키우는 장마라는 계절 변수를 빼야 여름과 가을 사이의 온전한 기초 경제 여건, 이른바 펀더멘털(fundamental)에 따른 물가 상황을 파악하기 쉽다. 계절조정은 짧은 주기(보통 전월 대비)의 변화상에서 장기적인 추세를 읽을 때 요긴하다. 예문에서 5월 CPI는 전월 대비 0.1%, 전년 대비 4.0% 올랐는데, 계절조정은 전월 대비 수치에만 반영됐다. 1년 전과 비교할 때는 결국 같은 계절 변수가 반영되기 때문에 굳이 이를 조정할 필요가 없다.

'근원 인플레이션'(core inflation)도 돌발변수의 영향을 최소화하기 위해 고안됐다. '핵심 인플레이션'이라고도 한다. 환경에 따라 가격 변동이 심한(volatile) 식품·에너지류를 빼고 산출한다. 우리가 흔히 말하는, 식품과 에너지류가 모두 포함된 물가는 '헤드라인 인플레이션'(headline inflation)이라고 구분한다. 물가 변동 추세를 지수로 나타내는 CPI는 식품과 에너지 가격 포함 여부에 따라 '헤드라인 CPI'와 '근원(핵심) CPI'로 나뉜다.

주목할 건 인플레이션이 실제로 발생하는 곳은 슈퍼마켓이 아니라 공장이라는 사실이다. 슈퍼마켓을 비롯한 소매업체는 공급자로부터 오른 가격에 제품을 사 올 뿐이다. 결국 생산자가 만드는 상품 가격이 향후 소비자물가를 좌우하는 셈이다. 따라서 소비자물가 추세를 미리 가늠하려면 '생산자물가지수'(producer price index·PPI)를 선행지표로 눈여겨볼 필요가 있다.

CPI는 재화와 서비스를 구매할 때 소비자가 부담하는 가격을 반영하지만, PPI는 국내 생산자가 상품이나 서비스를 시장에 내놓는 출하가격, 다시 말해 소매업자가 치러야 할 비용을 측정한다. 원자재와 중간재 등 생산에 드는 비용이 두루 반영되는 일종의 '도매물가지수'(wholesale price index·WPI)다. 생산자물가는 '공장물가'(factory price)라고도 한다. 중국이 전 세계로 인플레이션, 혹은 디플레이션을 수출할 수 있다는 우려가 여기서 비롯된다. 중국이 '세계의 공장' 역할을 하는 한

전 세계는 중국의 '공장 인플레이션/디플레이션'(factory inflation/deflation) 바람에서 자유로울 수 없다.

Keyword Expressions

- consumer price index(CPI) 소비자물가지수
- producer price index(PPI) 생산자물가지수 / factory price 공장물가 / factory inflation 공장 인플레이션
- on a seasonally adjusted basis 계절조정 기준으로
- before seasonal adjustment 계절조정 전
- U.S. Department of Labor 미국 노동부
- The Bureau of Labor Statistics(BLS) 노동통계국
- less ~을 제외하고(except, excluding, minus)
- core inflation 근원(핵심) 인플레이션
- volatile 변동이 심한 / volatility 변동성
- fundamental 펀더멘털, 기초경제여건

3

가장 중요한 물가지표

소비자 행동 변화를 감지한다

글로벌 금융시장에서 가장 눈여겨보는 미국 물가지표는 따로 있다. '개인소비지출 물가지수'(personal consumption expenditures price index · PCEPI) 다. 보통 'PCE 물가지수'라고 한다. PCE 물가지수가 소비자물가지수 (CPI)보다 더 유명해진 건 미국 중앙은행인 연방준비제도(Federal Reserve System · Fed)가 이를 물가 척도로 삼기 때문이다. Fed는 물가안정(price stability)과 최대고용(maximum employment)이라는 '이중책무'(dual mandate)를 목표로 통화정책(monetary policy)을 운용한다(Fed와 통화정책은 뒤에서 따로 다룬다). 국제 금융시장의 절대 변수인 미국 기준금리를 조정하는 게 대표적이다. 물가 · 고용 관련 지표가 Fed의 통화정책 향방을 좌우하는 만큼 Fed가 선호하는 지표에 시장의 관심이 쏠리는 건 당연한 일이다. PCE 물가지수는 2012년부터 Fed가 통화정책 결정 과정에서 1순위로 참고하는 물가지표가 됐다. 다른 중앙은행들은 보통 CPI를 주지표로 삼는다. Fed의 통화정책결정기구인 연방공개시장위원회(Federal Open Market Committee · FOMC)는 2012년 1월에 낸 성명(statement)에서 물가안정 목표치를 2%로 공식화하며, PEC 물가지수를 기준치로 제시했다.

The Federal Reserve's preferred measures of US inflation cooled in May and consumer spending stagnated, suggesting the economy's main engine is starting to lose some momentum.

The personal consumption expenditures price index rose 0.1% in May, Commerce Department figures showed Friday. From a year ago, the measure eased to the slowest pace in more than two years.

Consumer spending, adjusted for prices, was little changed after a downwardly revised 0.2% gain in April. From February through May, household spending has essentially stalled after an early-year surge. Spending on merchandise dropped, while outlays for services increased.

Excluding food and energy, the so-called core PCE price

index increased 4.6% from May 2022. That's in line with annual readings back to late 2022 and shows minimal relief from elevated price pressures. Economists consider this to be a better gauge of underlying inflation.*

Fed가 선호하는 미국 인플레이션 척도가 5월에 냉각되고 소비지출은 정체됐다. 이는 경제의 주요 엔진이 추진력을 잃기 시작했음을 암시한다.

미국 상무부의 금요일 수치는 5월 개인소비지출(PCE) 물가지수가 0.1% 상승했음을 보여준다. 1년 전에 비하면 2년여 만에 가장 더딘 속도로 움직였다.

물가 조정 소비지출은 지난 4월 0.2% 증가로 하향 수정된 뒤 거의 변화가 없었다. 2월부터 5월까지 가계지출은 연초 급증 이후 근본적으로 정체됐다. 상품에 대한 지출은 감소한 반면 서비스 지출은 증가했다.

식품과 에너지를 제외한, 이른바 근원 PCE 물가지수는 2022년 5월보다 4.6% 상승했다. 이는 2022년 말까지의 연간 수치와 일치하며 높아진 물가 압력에서 최소한의 위안을 보여준다. 경제학자들은 근원 PCE 물가지수가 근본

US Inflation Cools, Spending Stagnates as Economy Loses Steam, Bloomberg(20230630)

적인 인플레이션을 더 잘 측정한다고 본다.

PCE 물가지수는 미국 상무부 산하 경제분석국(BEA)이 매달 낸다. BEA는 분기마다 GDP도 발표하는데, PCE 물가지수는 미국 GDP의 3분의 2를 차지하는 소비지출이 실제로 얼마나 늘거나 줄었는지 파악할 때 필요한 물가변동률을 나타낸다.

Fed가 PCE 물가지수를 선호하는 이유는 무엇보다 소비자 행동 변화를 더 빨리 감지할 수 있기 때문이다. 예를 들어 스마트폰 같은 첨단기기들은 기술혁신 경쟁이 워낙 치열해 기능이 제자리에 머물면 가격이 바로 떨어진다. 지수 산출 방식의 차이로 CPI에서는 품목별 가격의 업데이트가 더디지만, PCE 물가지수는 실제 소비 가격을 바로 반영한다.

특정 품목의 가격이 올랐을 때는 그 대체재까지 반영된다. 치킨 가격 상승으로 피자가 대체재로 부상했다면, 피자 수요에 따른 가격 변동이 지수에 영향을 주는 식이다. 이처럼 PCE 물가지수는 CPI에 비해 지수 구성 항목이 훨씬 광범위하고, 변화에 민감하다. 그만큼 장기적으로 더 정확한 물가변동 추세를 보여준다. 아울러 지수에 비친 소비자들의 행동 변화, 특히 소비지출의 강도는 당국은 물론 기업들의 의사결정에 중요한 판단 지침이 될 수 있다.

PCE 물가지수도 CPI와 마찬가지로 종합지수 격인 '헤드라인

(headline) 지수'와 가격 변동성이 큰 식품과 에너지를 빼고 산출하는 '근원(핵심 core) 지수'로 나뉜다. 근원 PEC 물가지수가 보다 정확한 물가 동향을 보여준다는 이유로 일각에서는 근원 PCE 물가지수를 Fed의 궁극적인 물가지표로 본다. 그러나 Fed가 공식 지목한 물가 기준치는 헤드라인 PCE 물가지수의 연간 변동률이다. 2023년 9월 현재 미국의 PCE 물가상승률은 전년대비 3.4%로 Fed의 인플레이션 목표치 2%(2% inflation target)를 훌쩍 웃돈다.

Keyword Expressions

- personal consumption expenditures price index(PCEPI) 개인소비지출(PCE) 물가지수
- Federal Reserve System(Fed) 미국 연방준비제도(미국 중앙은행) *보통 Fed, Federal Reserve라고 씀
- Federal Open Market Committee(FOMC) 미국 연방공개시장위원회
- price stability 물가안정
- maximum employment 최대고용
- dual mandate 이중책무
- monetary policy 통화정책
- stagnate 침체하다, 정체하다
- consumer spending 소비지출
- adjusted for prices[inflation] 물가(인플레이션)를 조정한(inflation[prices] adjusted)
- household spending 가계소비(지출)
- stall 멎다, 시동이 꺼지다, (항공기의) 실속(失速)
- outlay 지출, 소비, 지출액, 경비
- underlying 근본적인, 기저의

구분해야 할 '플레이션'들

경제 상황을 대변한다

인플레이션은 경제 전반에 걸쳐 자연스럽게 일어나는 현상이다. 시간이 흐르면 불가피한 일이다. 과거 점심값과 임대료를 떠올려 보자. 현재도 마찬가지다. 어딜 가나 가격이 오르고 있다.

소비자들은 인플레이션을 싫어하지만, 완만한 수준의 물가상승은 오히려 경제 성장의 방증이자 촉매다. 일반적인 경우 경제가 빠르게 성장하면 수요도 급격히 늘어 가격 상승 압력이 커진다. 또한 인플레이션은 화폐가치가 더 떨어지기 전에 돈을 쓰도록 해 수요와 투자를 북돋는다. 주요국 중앙은행들이 2~3% 수준의 인플레이션을 물가안정 목표로 삼고 있는 것도 인플레이션의 순기능을 기대하기 때문이다.

반면 경제를 망치는 극단적인 인플레이션 유형도 있다. 먼저 '하이퍼인플레이션'(hyperinflation)은 물가가 완만한 수준을 넘어 통제 불능 수준으로 폭등하는 '초(超)인플레이션'을 말한다. 1920년대 월간 물가상승률이 3만%에 달했던 독일 사례가 대표적인데, 최근에는 매우 드문 이벤트가 됐다.

또 다른 극단에 '스태그플레이션'(stagflation)이 있다. '스태그네이션'(stagnation)과 인플레이션의 합성어다. 스태그네이션은 경제가 장기간 저성장하거나 경제 성장이 아예 멎은 상태를 말한다. 보통 연간 성장률이 2~3%를 밑돌면 스태그네이션에 빠진 것으로 본다. 스태그네이션이 일어나면 실업자가 쏟아진다. 결국 스태그플레이션은 '고물가 · 고실업 · 저성장'의 조합인 셈이다.

Until the 1970s, many economists relied on a stable inverse relationship between inflation and unemployment. Data collected since the 1860s suggested unemployment fell as inflation rose and rose when inflation fell.

During economic expansion, demand was expected to drive up prices, encouraging businesses to grow and hire additional employees. During a recession, lower demand would lead to unemployment, cap price increases, and lower inflation.

The stagflation of the 1970s, a combination of slow growth and rapidly rising prices, challenged prior assumptions, leading economists to examine the causes and policies that would end the stagnant period.*

1970년대까지 많은 경제학자들은 인플레이션과 실업 사이의 안정적인 역의 관계를 신뢰했다. 1860년대부터 수집된 데이터는 인플레이션이 높아지면 실업률이 떨어지고 인플레이션이 하락하면 실업률이 상승한다는 걸 시사했다.

경제가 확장할 때는 수요가 가격을 끌어올려 기업이 성장하고 인력을 충원하도록 북돋을 것으로 기대됐다. 침체기에는 수요 감소가 실업을 일으키고, 물가상승을 제한하며 인플레이션을 낮추기 마련이다.

더딘 성장과 급격한 물가상승의 조합인 1970년대의 스태그플레이션은 이전의 가정에 이의를 제기해 경제학자들로 하여금 스태그네이션을 끝낼 원인과 정책을 살펴보게 했다.

---

* Stagflation in the 1970s, Investopedia(20230217)

'인플레이션과 실업 사이의 안정적인 역의 관계'는 이른바 '필립스 곡선'(Phillips curve) 그대로다. 물가상승률(명목 임금상승률)과 실업률은 반비례한다는 것이다. 경기확장기에 늘어난 수요는 물가상승률을 높이고, 기업의 고용을 늘려 실업률은 낮춘다. 반대로 침체기엔 수요가 쪼그라드는 만큼 물가상승 압력이 줄고 실업률은 높아지기 쉽다. 1970년대 미국을 휩쓴 스태그플레이션은 그러나 인플레이션을 둘러싼 이런 통념을 뒤흔들었다. 당시에는 미국 뉴욕증시도 급락했다. 월가에서는 이때를 '잃어버린 10년'(lost decade)이라고 부를 정도다.

인플레이션과 반대로 물가가 지속적으로 하락하는 걸 '디플레이션' (deflation)이라고 한다. 물가상승률이 마이너스(-)인 경우다. '디스인플레이션'(disinflation)과 구별해야 한다. 디스인플레이션은 물가상승 속도를 일시적으로 늦추는 정책이나 물가상승률이 단기적으로 소폭 하락하는 현상을 뜻한다. 디스인플레이션을 통해 물가상승률이 제로(0)에 가까워지면 디플레이션 우려가 불거질 수 있다. 디플레이션은 불황을 동반하기 때문에 부정적이지만, 디스인플레이션은 과열(overheating)을 막아주는 역할을 한다는 점에서 환영받는다.

반대로 '리플레이션'(reflation)은 낮아진 인플레이션 압력을 다시 높이는 정책이나 물가상승률이 다시 높아지는 걸 말한다. '통화 재팽창'이라고도 한다. 디플레이션에서 벗어나 심한 인플레이션 단계에 돌입하기 이전 단계에 해당한다. 통화 재팽창 정책으로는 감세, 기반시설 투자, 통화공급 확대, 금리인하 등이 대표적이다. 모두 시중에 돈을 풀어 궁극적으로 경기부양(economic stimulus)에 힘을 싣는 게 목적이다.

Keyword Expressions

- hyperinflation 하이퍼인플레이션(초인플레이션)
- stagflation 스태그플레이션 / stagnation 침체, 불황 / stagnate 침체되다, 고이다
- inverse relationship 역의 관계
- unemployment (rate) 실업(률)
- recession 경기침체(경기후퇴)
- cap 한도(를 정하다)
- lost decade 잃어버린 10년
- disinflation 물가상승률이 다시 떨어지는 현상(또는 이를 위한 정책)
- reflation 물가상승률이 다시 높아지는 현상(또는 이를 위한 정책)
- overheating 과열
- economic stimulus 경기부양

3

고 용

①
고용보고서-비농업고용지수
미국 소비의 핵심 변수

미국에서 첫손에 꼽는 경제지표가 고용지표다. 그만큼 미국 경제에서 고용은 절대적이다. 중앙은행들은 보통 '물가안정'(price stability)이라는 단일 정책목표를 추구하지만, 미국 중앙은행인 Fed는 물가안정과 함께 '최대고용'(maximum employment)이라는 '이중책무'(dual mandate)를 달성하기 위해 존재한다. 그도 그럴 게 고용은 미국 경제의 3분의 2를 차지하는 소비의 핵심 변수다. 국내총생산(GDP)과 경제성장률, 인플레이션 등 경제 전반을 아우르는 거시지표에 큰 영향을 미친다.

미국의 여러 고용 관련 지표 가운데 시장에서 가장 주목하는 건 노동부 산하 노동통계국(BLS)이 내는 '고용 상황 요약'(Employment Situation Summary) 보고서다. 보통 '고용보고서'(employment report) 또는 '일자리 보고서'(jobs report)라고 한다. 이 보고서가 중요한 건 전월의 경제 상황을 가장 빨리, 종합적으로 보여주기 때문이다. 보고서는 매월 첫째 금요일(미국 동부시간 기준 오전 8시 30분)에 나온다. 당월 나오는 전월 경제지표 가운데 발표 시점이 가장 빠르다. 보고서 발표에 앞서 금융시장에서는 이에 대한 전망이 빗발치고, 결과가 기대에 못 미치면 시장이 요동치기도 한다. 경제지표는 금융시장에서 보통 예상치를 밑돌면 악재로, 기대 이상이면 호재로 작용한다.

고용보고서는 가계와 고용주, 정부기관을 상대로 한 조사 결과를 토대로 작성한다. 비농업고용지수(nonfarm payrolls · NFP)와 실업률(unemployment rate), 주당 평균 노동시간(average weekly hours), 시간당 평균 임금(average hourly earnings) 등이 담기는데, 핵심은 비농업고용지수와 실업률이다.

고용보고서에서 농업인구를 제외하는 건 무엇보다 미국 경제에서 농업이 차지하는 비중이 미미하기 때문이다. 더욱이 미국 내 농업인구는 대개 자영업자, 함께 일해도 급여를 따로 받지 않는 가족, 미등록 이민자들인 경우가 대부분이다. 취미로 농사를 짓는 이들(hobby farmers)의 비중도 높다. 실업보험 대상에서 제외되는 경우가 많아 고용보고서 작성에 필요한 표본을 충분히 뽑아내기 어렵다. 이밖에 자영업자, 가사노동자, 자원봉사자, 정규직 현역군인 등도 셈에서 빠지지만, 고용보고서의 비농업고용지수는 미국 GDP에 기여하는 노동자의 80%를 반영한다.

Total nonfarm payroll employment increased by 209,000 in June, and the unemployment rate changed little at 3.6 percent, the U.S. Bureau of Labor Statistics reported today. Employment continued to trend up in government, health care, social assistance, and construction.

......

The US economy added 209,000 jobs in June, missing Wall Street estimates and reflecting a slowdown from the previous month, data from the Bureau of Labor Statistics showed Friday.

Economists surveyed by Bloomberg had expected that 225,000 nonfarm payroll jobs were added in June. Friday's report marks the first time in 15 months that nonfarm payrolls have come in lower than Wall Street expected. Updated data revealed 306,000 jobs were created during May, about 33,000 less than previously reported.*

---

* Employment Situation Summary(JUNE 2023), U.S. Bureau of Labor Statistics

미국 노동통계국(BLS)은 오늘 비농업 부문 총고용자 수가 6월에 20만 9,000명 증가했으며 실업률은 3.6%로 변화가 거의 없었다고 보고했다. 고용은 정부, 헬스케어, 사회복지와 건설 분야에서 지속해 증가했다.

......

미국 경제는 6월에 20만 9,000개의 일자리를 늘렸는데, 이는 월가의 추정치에 못 미치고 전월보다 둔화했음을 미국 노동통계국이 금요일에 낸 자료는 보여준다.

블룸버그가 조사한 이코노미스트들은 6월에 22만 5,000개의 비농업 고용 일자리가 추가될 것으로 예상했다. 비농업 고용자 수가 월가의 예상보다 적은 것은 금요일 보고서가 15개월 만에 처음이다. 업데이트된 자료는 5월에 창출된 일자리가 애초 보고된 것보다 약 3만 3,000개 적은 30만 6,000개였음을 보여준다.

비농업고용지수는 미국 내 비농업 부문 고용자(일자리) 수가 매달 얼마나 늘거나 줄었는지 보여준다. 사실상 미국 내 총고용자(all employees) 수를 반영한다고 보면 된다. 2020년 터진 코로나19 팬데믹 사태로 미국 고용자 수는 불과 몇 주 만에 2,000만 명 넘게 줄었는데, 고용자 수가 실제로 감소하는 경우는 극히 드물다. 2022년에는 월평균 고용자

수가 39만 9,000명, 2023년 상반기에는 27만 8,000명 증가했다. 새 일자리가 그만큼 꾸준히 늘었다는 얘기다. 2023년 6월에는 신규 고용이 20만 9,000명 늘었는데, 이는 월가에서 예상한 22만 5,000명을 밑돈 것이다. 이 여파로 고용지수가 발표된 날 미국 뉴욕증시 주요 지수가 일제히 하락했다.

예문은 고용보고서 내용을 전하는 외신 기사의 전형을 보여준다. 보통 'The US (economy[labor market]) added ~ jobs in …'로 시작한다. 비농업고용지수도 사후에 수정치(updated[revised] data)가 나오는데, 수정치가 당초 발표치보다 떨어져도 시장은 민감하게 반응한다.

Keyword Expressions

- price stability 물가안정
- maximum employment 최대고용
- dual mandate 이중책무
- Employment Situation Summary 고용 상황 요약 보고서(employment report, jobs report, jobs data, labor (market) data)
- nonfarm payrolls(NFP) 비농업고용지수(비농업 부문 고용자(일자리) 수, (total) nonfarm payroll employment, nonfarm payroll jobs)
- payroll 급여대상자 명단, 급여총액
- unemployment rate 실업률
- average weekly hours 주당 평균 노동시간
- average hourly earnings 시간당 평균 임금 / earnings는 소득, 수입, (기업의) 순이익)
- trend up (추세적으로) 증가하다, 오르다
- slowdown 둔화
- missing[below] estimates[expectations], less than expected 예상치를 밑도는 / in line with[matching] estimates[expectations] 예상치에 부합하는 / surpassing[beating, above, beyond] estimates[expectations], more than expected 예상치를 웃도는

②
고용보고서-실업률과 임금, 인플레이션

경기 변동의 후행지표

고용보고서에서 비농업고용지수만큼 중요한 지표가 실업률 (unemployment rate)이다. 실업률은 경기가 좋아지는 것 같으면 떨어지고, 나빠지는 듯하면 오르는 경향이 있다. 기업들이 체감경기 흐름에 따라 고용인력을 조정하기 때문이다. 실업률은 향후 경기 흐름의 방향을 미리 알려주는 '선행지표'(leading indicator)가 아니라 경기변동을 뒤늦게 확인해주는 '후행지표'(lagging indicator)인 셈이다. 실업률은 한 나라 경제의 전반적인 상태를 보여준다는 점에서 국내총생산(GDP), 소비자물가지수(CPI)와 더불어 금융시장에서 가장 주목하는 지표들 가운데 하나다.

미국 노동통계국(BLS)이 내는 실업률은 모두 6가지(U1~U6)가 있는데, 통계 범주로 나눈다. 공식 지표는 'U3' 실업률이다. BLS가 매달 고용보고서를 통해 발표하는 실업률이 바로 U3다. 16세 이상 노동 가능 인구(labor force · 경제활동인구) 가운데 '일할 의지가 있고 일을 할 수 있으며, 지난 4주 안에 적극적으로 구직활동을 한 적이 있는 실업자'의 비율을 나타낸다. 국제노동기구(ILO)가 정한 전 세계 공통 실업률 지표이기도 하다.

U3 통계에선 정규직(full-time)뿐 아니라 임시직(temporary)이나 시간제(part-time) 근로자, 농장을 비롯한 가내 일자리에서 15시간 이상 무급으로 일하는 이들을 모두 취업자로 분류한다. 또 일을 원하지만 장애 등의 이유로 일할 수 없거나, 일자리를 원하지만 구직에 계속 실패해 좌절한(discouraged) 구직 포기자는 실업자로 보지 않는다. 결국 취업자도, 실업자도 아닌 이들은 경제활동인구에서 아예 제외된다. 이런 이유로 U3는 온전한 실업률을 반영하지 못한다는 지적을 받는다. 정규직 근무를 원하지만 경제 여건 탓에 비정규 일자리를 전전할 수밖에 없는 불완전 취업자(underemployed)들의 상황이 무시되고, 구직 포기자가 늘어나면 실업률이 오히려 떨어지는 오류가 발생할 수 있다는 것이다.

이런 허점을 메워주는 실업률 지표가 'U6'다. 일을 하고 싶어 하는 구직 포기자, 한때(최근 1년) 일자리를 찾다가 일시적으로 포기한 실업자에 더해 정규직을 원하는 시간제 근로자도 실업자로 셈한다. U6는 보통 '실질실업률'(real unemployment rate) 또는 '광의 실업률'(broad unemployment rate)이라고 한다.

Both the unemployment rate, at 3.6 percent, and the number of unemployed persons, at 6.0 million, changed little in June. The unemployment rate has ranged from 3.4 percent to 3.7 percent since March 2022.

......

In June, the labor force participation rate was 62.6 percent for the fourth consecutive month, and the employment-population ratio, at 60.3 percent, was unchanged over the month.*

———

The unemployment rate fell to 3.6% last month from 3.7% in May. Employers ramped up wages as they competed for a limited pool of workers. Average hourly earnings grew 4.4% in June from a year earlier, matching gains in the preceding two months and remaining well above the prepandemic pace.

......

Rapid wage growth contributes to stubbornly high inflation, said Sean Snaith, director of the University of Central Florida's Institute for Economic Forecasting.**

---

* Employment Situation Summary(JUNE 2023), U.S. Bureau of Labor Statistics
** Wage Gains, Low Unemployment Keep Pressure on Fed; Hiring Cooled in June, The Wall Street Journal(20230707)

실업률 3.6%와 실업자수 600만명 모두 6월에 변화가 거의 없었다. 실업률은 2022년 3월 이후 3.4%에서 3.7% 범위에서 움직였다.

......

6월 경제활동참가율은 4개월 연속 62.6%였고, 고용인구비율은 60.3%로 한 달 새 변동이 없었다.

———

실업률은 5월 3.7%에서 지난달 3.6%로 떨어졌다. 고용주들은 제한된 노동자 풀을 두고 경쟁하면서 임금을 급격히 올렸다. 6월 시간당 평균 임금은 1년 전보다 4.4% 증가했는데, 이는 지난 두 달간의 증가세와 일치하고, 팬데믹 이전 속도를 훌쩍 웃도는 것이다.

......

션 스네이스 센트럴플로리다대 경제전망연구소 소장은 급격한 임금 상승이 고질적으로 높은 인플레이션에 일조하고 있다고 말했다.

2023년 6월 미국의 실업률(U3)은 3.6%로 전월보다 0.1%포인트 하락했는데, 같은 기간 U6는 6.7%에서 6.9%로 올랐다. 고용의 질이 그만큼 더 낮아지면서 체감 실업률이 오른 셈이다.

경제활동참가율(labor force participation rate)은 16세 이상 노동 가능 인구 가운데 취업자와 적극적으로 일자리를 찾고 있는 실업자의 비율을 뜻한다. 구직 포기자가 늘어나면 경제활동참가율과 U3는 떨어지지만, U6는 오른다.

고용보고서에서는 시간당 평균 임금(average hourly earnings)도 눈여겨 봐야 한다. 고용주들이 임금인상 경쟁을 벌이면 임금이 오른다. 실업률이 낮을 때, 즉 사람 구하기가 어려울 때 일어나는 일이다. 임금 상승은 수요를 자극해 인플레이션 압력을 높인다.

Keyword Expressions

- leading indicator 선행지표 / lagging indicator 후행지표
- labor force 노동 가능 인구(경제활동인구), 노동력
- discouraged 좌절한 / discouraged worker 구직 포기자
- underemployed 능력 이하의 일을 하는 / underemployment 불완전고용
- real unemployment rate 실질실업률(U6, broad unemployment rate)
- range from ~ to − ~에서 − 사이다, 이르다
- labor force participation rate 경제활동참가율
- for the fourth consecutive month 4개월 연속
- employment-population ratio 고용인구비율, 고용률
- ramp up ~을 늘리다
- wage 임금 / wage growth 임금상승
- compete for ~를 두고 경쟁하다
- average hourly earnings 시간당 평균 임금 / earnings 소득, 수입, (기업의) 순이익
- preceding 이전의, 바로 전의
- stubborn 완고한, 고집스러운, 고질적인

구인 배율 파악이 중요

노동시장 환경은 '빠듯하다'(tight)거나 '느슨하다'(loose)고 표현할 때가 많다. 노동시장이 빠듯하다는 건 구인경쟁이 치열한 경우다. 경제활동이 활발해 기업들은 일손을 더해 생산을 늘려야 하는데, 많은 이들이 이미 일자리를 찾은 상태라 사람 구하기가 여의치 않을 때다. 노동시장의 과열(overheating)은 임금인상 경쟁을 부추기고, 이는 인플레이션을 자극하는 요인이 된다.

반대로 구직경쟁이 치열하면 노동시장이 느슨한 것이다. 보통 경제의 활력이 떨어져 충분한 일자리가 공급되지 않거나 구직자와 구인자의 미스매치 등 고용시장의 구조적인 요인에서 비롯된다. 느슨한 노동시장에 남아도는 '잉여노동력'(유휴인력)을 '슬랙'(slack)이라고 한다. 일할 능력은 있는데 일자리를 찾지 않는 이들이다. 완전고용을 달성하려면 이 '슬랙'을 해소해야 한다. 노동력뿐 아니라 설비, 자금 등 놀고 있는 경제 자원을 통틀어 유휴경제력(economic slack)이라고 한다. slack 에는 '느슨한'(늘어진, 처진)이라는 의미가 있다.

미국 노동시장이 빠듯한지, 느슨한지 가늠할 때 참고하는 지표로 노동통계국(BLS)이 매월 내는 '구인·이직 요약'(Job Openings and Labor Turnover Summary · JOLTs)이 있다. 보통 '구인·이직 보고서'(JOLTs Report) 라고 한다. 고용보고서와 약 한 달의 시간차를 두고 발표된다. 구인· 이직 보고서에서는 실업자 한 명당 빈 일자리 수(open jobs), 즉 구인배 율(vacancy ratio)을 파악하는 게 중요하다. 수치가 높을수록 노동시장 환 경이 빠듯한 것이다.

How tight is the labor market? That's a crucial question for American workers and economic policymakers right now, yet indicators give conflicting answers.

Why it matters: If central bankers believe the labor market is not cooling as swiftly as desired, they could pump the brakes on the economy more than might be necessary in an attempt to slow inflation.

By one of the Fed's go-to measures, the labor market has slowly started to loosen up. A private sector gauge, however, shows more slack than government data suggests.

Catch up quick: The labor market is considered tight when companies are competing for a small group of workers to fill jobs. (The U.S. economy has been in that situation for nearly two years.)

It is considered loose when the opposite is the case: a large pool of workers angling for few job opportunities.*

노동시장이 얼마나 빠듯한가? 그것은 현재 미국 노동자들과 경제 정책 입안자들에게 중요한 질문이지만, 지표들은 상반된 대답을 한다.

중요한 이유: 중앙은행가들이 노동시장이 원하는 만큼 빨리 냉각되고 있지 않다고 믿는다면, 그들은 인플레이션을 늦추기 위해 필요한 만큼 이상으로 경제에 제동을 걸 수 있다.

---

* Alternative jobs measure shows less tight jobs market, Axios(20230706)

Fed가 늘 택하는 조치들 중 하나로 인해 노동시장이 서서히 느슨해지기 시작했다. 그러나 민간 부문 게이지는 정부 데이터가 시사하는 것보다 더 많은 슬랙을 보여준다.

빨리 따라잡기: 기업들이 일자리를 채우기 위해 소수의 노동자 집단을 놓고 경쟁할 때 노동시장은 빠듯한 것으로 간주된다. (미국 경제는 거의 2년 동안 그런 상황에 있었다.)

그 반대의 경우에는 느슨한 것으로 간주된다. 즉, 적은 일자리 기회를 노리는 노동자 풀이 크다는 것이다.

코로나19 팬데믹 사태가 한창일 때 미국 중앙은행인 Fed는 노동시장을 안정시키는 게 급선무였다. 경기침체(recession) 충격으로 실업자가 쏟아져서다. 팬데믹 사태가 정점에 달했던 2020년 3~4월에만 미국에서는 약 2,500만 명이 일자리를 잃었다. 같은 해 2월 3.5%였던 실업률은 불과 2개월 만에 14.7%로 폭등했다. Fed는 곧장 기준금리(benchmark interest rate)를 잇따라 낮췄다. 기준금리 인하는 경기가 냉각됐을 때 'Fed가 늘 택하는 조치들'(Fed's go-to measures) 중 하나다. 덕분에 노동시장에 다시 온기가 돌기 시작했다.

미국 경제가 팬데믹발 침체에서 벗어나 강한 회복세를 보이자 Fed

는 정반대의 문제에 직면했다. 경기와 함께 노동시장이 달아올라 인플레이션 압력이 거세진 것이다. 기준금리를 높여 과열을 식혀야 한다는 주장이 제기됐고, Fed는 고민 끝에 수차례 금리인상을 단행했다. BLS에 따르면 2023년 5월 말 현재 미국의 빈 일자리 수는 약 982만 개, 실업자 한 명에게 열린 일자리가 약 1.7개에 달했다. 금리인상 여파로 꽤 낮아졌지만, 팬데믹 사태 이전에 비하면 한참 높은 것이다.

같은 시기 민간지표는 미국 노동시장이 이보다 더 빨리 식어가고 있음을 보여줬다. 글로벌 비즈니스 인맥 SNS '링크드인'(LinkedIn)으로 구직활동을 하는 이들에게 돌아간 빈 일자리 수는 2023년 5월 0.6개에

Keyword Expressions

- tight 빠듯한 / loose 느슨한(lax, slack)
- economic slack 유휴경제력
- overheating 과열
- vacancy ratio 구인배율
- conflicting 모순되는, 상충되는
- as ~ as desired 원하는 만큼 ~하게
- pump[put] the brakes on ~에 제동을 걸다, ~의 속도를 늦추다 / hit[step on] the gas (pedal) 가속하다
- more than might be necessary 필요보다 더
- go-to 늘 찾는, 항상 선택하는
- compete for ~를 두고 경쟁하다
- when the opposite is the case 정반대의 경우에는
- angle for ~을 노리다
- recession 경기침체
- benchmark interest rate 기준금리

불과했다. 2022년 12월의 1개는 물론 2020년 초 0.7개보다 줄었다. '슬랙'이 BLS 통계에 반영된 것보다 훨씬 더 많다는 의미다. 링크드인은 BLS의 통계가 실업자만 셈하는 게 문제라며, 최근에는 이직을 원하는 취업자 등이 노동시장에 더 부담을 줄 수 있다고 지적했다. 전문가들은 Fed가 공식 지표만 보고 노동시장을 더 냉각시켜야 한다는 판단으로 통화정책을 펴면 잉여노동력을 아예 잃을 수 있다고 우려한다.

더 참고할 고용지표들

실물경기를 반영한다

국제 금융시장에서 눈여겨 보는 미국 고용지표는 더 있다. 우선 'ADP 국가고용보고서'(ADP National Employment Report)다. 흔히 'ADP 보고서'라고 한다. 민간 부문(private sector)의 고용상황을 보여주는 대표 지표다. 노동통계국(BLS)의 공식 고용보고서가 비농업 부문의 공공·민간 일자리 수를 아우른다면, ADP 보고서는 민간 부문에 초점을 맞춘다. 매달 고용보고서보다 이틀 먼저 공개돼 고용보고서 내용을 미리 예측하게 해주는 선행지표 역할을 한다. 고용보고서가 거시경제를 분석하는 이코노미스트들을 위한 지표라면, ADP 보고서는 시장과 눈치싸움을 벌여야 하는 트레이더들을 지표인 셈이다.

특히 ADP 보고서는 일종의 설문조사 결과에 의존하는 고용보고서와 달리 실제 급여 자료를 근거로 삼는다. 그만큼 실물시장 환경을 반영하기 좋다. ADP 보고서를 내는 민간고용정보업체 ADP(Automatic Data Processing)는 미국 민간 부문 전체 고용인구의 약 5분의 1에 해당하는 급여 자료를 다룬다. 미국 중앙은행인 Fed가 최근 연방공개시장위원회(FOMC) 의사록(minutes)에서 ADP 보고서를 중요한 고용지표 가운데 하나로 직접 거론하면서 ADP 보고서의 시장 영향력이 부쩍 세졌다는 평가가 나온다.

The US labor market showed fresh signs of resilience on Thursday, as private hiring surged, layoffs slowed and filings for unemployment benefits stayed relatively low.

US companies added almost half a million jobs last month, the most in over a year, according to data from ADP Research Institute in collaboration with Stanford Digital Economy Lab. A separate report from Challenger, Gray & Christmas Inc. showed announced job cuts by US employers fell in June to an eight-month low.

While the ADP data often differ from the government's employment report, which is due Friday, the figures are still consistent with a broader trend of a labor market that's barely cooling.

......

Meanwhile, weekly filings for jobless benefits rose by 12,000 to 248,000, according to the Labor Department. While that was more than forecast, the figure is still below June's peak of 265,000, which was the highest since 2021.*

미국 노동시장은 목요일 민간 고용이 급증하고 해고가 둔화하며 실업수당 신청건수가 상대적으로 적게 유지되면서 새로운 회복 징후를 보였다.

스탠퍼드 디지털경제연구소와 협력한 ADP연구소의 자료에 따르면 미국 기업들은 지난달 1년 만에 가장 많은 50만 개에 달하는 일자리를 늘렸다. 챌린저,그레이&크리스마스가 낸 다른 보고서는 미국 고용주들이 6월에 발표한 감원 규모가 8개월 만에 최소치로 줄었음을 보여줬다.

ADP 자료는 금요일에 발표 예정인 정부의 고용보고서와 다르지만, 그 수치는 여전히 거의 식지 않고 있는 노동시장의 광범위한 추세와 일치한다.

......

---

* US Job Market Shows Fresh Strength With ADP and Layoff Data, Bloomberg(20230706)

한편, 노동부에 따르면 주간 실업수당 신청건수는 24만 8,000건으로 전주보다 1만 2,000건 증가했다. 이 수치는 전망치보다 많은 것이지만, 2021년 이후 최대였던 6월 최고치 26만 5,000건을 여전히 밑돈다.

'실업수당 청구건수'(jobless claims)도 중요하다. 미국 노동부가 내는 주간 지표로 한 주간 실업수당을 청구한 이들의 수를 나타낸다. 실업수당을 받으려면 귀책사유 없이 해고당해야 하는데, 이를 layoff라고 한다. 특히 한 주 동안 새로 실업수당을 청구한 이들만 셈한 '신규 실업수당 청구건수'(initial jobless claims)가 더 주목받는다. 이미 실업수당을 받던 이들을 포함한 '연속 실업수당 청구건수'(continuing jobless claims)와 구분된다.

실업수당 청구건수는 월례 자료인 공식 고용보고서에 앞서 경기 여건을 반영해 보여주는 선행지표 역할을 한다. 실업수당 청구건수가 증가하면 경기가 나빠지고 있다는 의미다. 청구건수가 예상보다 더 가파르게 늘었다면 주식시장엔 악재로 작용하기 쉽다.

다만 주간 지표는 변동성이 크기 때문에 전문가들은 '이동평균'(moving average · MA)을 선호한다. 이동평균은 일정 기간 주가 등 자산의 가격이나 지수, 지표를 산술평균한 것이다. 이를 선으로 이으면 '이동평균선'이 된다. 어느 시점에서 특정 변수의 전반적인 흐름을 판단하고 향후 추이를 전망하는 데 사용된다. 실업수당 청구건수는 주간 수치보다 4주 이동평균(4-week moving average)이 더 중요하다. 해당 주까지 지난 4주간의 평균값을 나타낸다.

이밖에 민간업체인 챌린저(Challenger, Gray & Christmas)는 매달 기업들의 감원 규모를 집계한 보고서(layoffs report)를 낸다.

Keyword Expressions

- minutes 의사록, 회의록
- resilience 회복력, 탄력, 탄성
- layoff 해고(job cut)
- jobless claims 실업수당 청구건(자)수
- unemployment benefits 실업수당(unemployment insurance benefits, unemployment compensation)
- in collaboration with ~와 협력해(공동으로)
- differ from ~와 다르다
- consistent with ~와 일치하는
- barely 거의 ~ 아니게, 가까스로
- moving average(MA) 이동평균

4

Fed와 통화정책

①
Fed의 두 마리 토끼

물가안정과 최대고용

　통화정책(monetary policy)은 중앙은행(central bank)이 시중에 푸는 돈의
양(통화량)을 늘리거나 줄이는 걸 말한다. 돈이 너무 돌면 경기가 과열
되고, 반대로 돈이 잘 돌지 않으면 경기가 냉각되기 쉽다. 중앙은행
들은 여러 통화정책 수단을 동원해 시중에 흐르는 통화량을 조절한
다. 궁극적인 목표는 '물가안정'(price stability)이다. 한국은행을 비롯한
주요 중앙은행들이 공유하는 정책목표다. 주목할 건 미국 중앙은행
인 Fed는 물가안정뿐 아니라 '최대고용'(maximum employment)을 함께 달
성해야 한다는 점이다. 연방준비법(Federal Reserve Act)이 Fed에 부여한
이른바 '이중책무'(dual mandate)에 따른 것이다. Fed는 공식 웹사이트
(federalreserve.gov)에서 통화정책을 통해 추구하는 목표를 다음과 같이
밝히고 있다.

The Federal Reserve works to promote a strong U.S. economy. Specifically, the Congress has assigned the Fed to conduct the nation's monetary policy to support the goals of maximum employment, stable prices, and moderate long-term interest rates. When prices are stable, long-term interest rates remain at moderate levels, so the goals of price stability and moderate long-term interest rates go together. As a result, the goals of maximum employment and stable prices are often referred to as the Fed's "dual mandate."

......

Maximum employment is the highest level of employment or lowest level of unemployment that the economy can sustain while maintaining a stable inflation rate.

......

Prices are considered stable when consumers and businesses don't have to worry about rising or falling prices when making plans, or when borrowing or lending for long periods. The Federal Open Market Committee (FOMC) judges that inflation rate of 2 percent over the longer run, as measured by the annual change in the price index for personal consumption expenditures, is most consistent with the Federal Reserve's mandate.*

Fed는 강한 미국 경제를 촉진하기 위해 일한다. 특히, 의회는 Fed에 최대

고용, 안정적인 물가, 그리고 적정한 장기금리라는 목표를 지지하기 위해 국가

의 통화정책을 수행하는 역할을 부여했다. 물가가 안정적일 때는 장기금리가

적당한 수준으로 유지되므로 물가안정과 적절한 장기금리라는 목표가 함께 간

다. 이에 따라 최대고용과 안정적인 물가라는 목표는 보통 Fed의 "이중책무"

라고 불린다.

......

최대고용은 경제가 안정적인 인플레이션율을 유지하면서 지속할 수 있는 가

장 높은 수준의 고용 또는 가장 낮은 수준의 실업이다.

......

물가는 소비자와 기업이 계획을 짤 때 혹은 장기간 대출을 하거나 받으면서

물가상승이나 하락을 걱정할 필요가 없을 때 안정적인 것으로 여겨진다. 연방

공개시장위원회(FOMC)는 개인소비지출(PCE) 물가지수의 연간 변동으로 측정

한, 장기적으로 2%의 인플레이션율을 Fed의 책무에 가장 부합하는 것으로 판

단한다.

---

* What economic goals does the Federal Reserve seek to achieve through its monetary
policy?, federalreserve.gov

요약하면 이렇다. Fed는 최대고용·물가안정·적당한 수준의 장기금리를 추구하는데, 물가와 장기금리는 함께 가기 때문에 최대고용과 물가안정을 이중책무로 삼고 있다는 말이다. 실제로 물가가 급격히 오르면 중앙은행들은 정책금리(policy rate)인 기준금리(benchmark interest rate)를 높여 통화 공급을 제한한다. 이는 궁극적으로 시장에서 결정되는 금리인 장기금리의 상승 요인이 된다. 반대로 경제의 활력이 떨어져 인플레이션 압력이 약해지면 기준금리를 낮춰 돈을 푸는데, 시중에 자금이 많아지는 만큼 장기금리도 하락 압력을 받게 된다. '인플레이션 편'에서 살펴본 대로 Fed는 물가상승률(인플레이션율) 2%를 물가안정 목표치로 삼고 있으며, 그 척도는 PCE 물가지수의 연간 변동률이라는 점도 다시 확인해두자.

문제는 최대고용과 물가안정이라는 두 마리의 토끼를 한꺼번에 잡는 게 결코 쉬운 일이 아니라는 점이다. 두 목표는 오히려 양극단에 있다. 침체된 노동시장에서 최대고용을 이루려면 경제 성장세 힘을 실어줘야 하는데, 과도한 경기부양(economic stimulus)은 자칫 과열을 일으켜 인플레이션 압력을 높일 수 있다. 반대로 목표치를 넘어선 인플레이션을 진정시키려고 냉각제만 너무 투입하다보면 노동시장이 위축될 수 있다.

Fed는 결국 두 정책목표의 균형을 추구할 수밖에 없다. 이때 자주 등장하는 용어가 '골디락스'(Goldilocks)다. 영국 동화인 '골디락스와 곰 세 마리'(Goldilocks and the three bears)에서 따온 주인공 이름이다. 구체적으로는 골디락스가 동화 속에서 맛있게 먹은 '너무 뜨겁지도, 너무 차갑지도 않은 적당한 온도의 스프'를 뜻한다. 골디락스 경제(Goldilocks economy)는 인플레이션을 일으킬 만큼 과열되거나 불황을 우려할 정도로 냉각되지 않은 정도의 적당하게 좋은 경기 상황을 의미한다. 'just-right(딱 좋은) economy'라고도 한다.

Keyword Expressions

- monetary policy 통화정책
- price stability 물가안정
- maximum employment 최대고용
- mandate 권한, 책무
- moderate 보통의, 중간의, 적절한, 온건한
- go together 함께 가다, 어우러지다
- inflation rate 인플레이션율(물가상승률)
- borrow 빌리다 / lend 빌려주다
- Federal Open Market Committee(FOMC) 연방공개시장위원회
- over the longer run 장기간에 걸쳐
- consistent with ~와 일치하는
- benchmark interest rate 기준금리
- economic stimulus 경기부양
- Goldilocks (economy) 너무 과열되거나 냉각되지 않은 적당히 좋은 상태의 경제 (just right economy)

❷

FOMC와 연방기금금리

가장 긴장하는 이벤트

'연방공개시장위원회'(Federal Open Market Committee · FOMC)는 Fed의 통화정책결정기구다. 한국은행은 '금융통화위원회'가 같은 역할을 한다. 관련법에 따르면 Fed는 연간 4회 이상 FOMC 회의를 소집해야 한다. 1981년 이후 연간 8차례 정례회의(regular meeting)를 여는 게 관행이 됐다. 정례회의는 보통 5~8주 간격을 두고 이틀간 열린다.

Fed는 회의 둘째 날 오후 2시(미국 동부시간 기준)에 FOMC의 결정사항을 담은 성명(statement)을 발표한다. Fed 의장(chair)이 30분 뒤 기자회견에 나서 이를 보충한다. 글로벌 금융시장이 가장 긴장하는 이벤트 가운데 하나가 바로 FOMC다.

FOMC는 모두 12명으로 구성된다. Fed 이사회(Board of Governors) 멤버 7명(의장 · 부의장 · 이사 5명)과 12명의 지역 연방준비은행(Federal

Reserve Bank) 총재 가운데 5명이 의결권(voting right)을 행사한다. △보스턴(Boston) △뉴욕(New York) △필라델피아(Philadelphia) △클리블랜드(Cleveland) △리치먼드(Richmond) △애틀랜타(Atlanta) △시카고(Chicago) △세인트루이스(St. Louis) △미니애폴리스(Minneapolis) △캔자스시티(Kansas City) △댈러스(Dallas) △샌프란시스코(San Francisco) 등 12개 연은 중 뉴욕 연은의 총재는 연준 이사들과 같은 당연직이고, 나머지 11명이 1년간 4명씩 돌아가며 투표에 참여한다.

The Committee seeks to achieve maximum employment and inflation at the rate of 2 percent over the longer run. In support of these goals, the Committee decided to raise the target range for the federal funds rate to 5-1/4 to 5-1/2 percent. The Committee will continue to assess additional information and its implications for monetary policy. In determining the extent of additional policy firming that may be appropriate to return inflation to 2 percent over time, the Committee will take into account the cumulative tightening of monetary policy, the lags with which monetary policy affects economic activity and inflation, and economic and financial developments.*

---

* Federal Reserve FOMC statement, federalreserve.gov(20230726)

위원회는 장기적으로 최대고용과 2%의 인플레이션을 달성하고자 한다. 이러한 목표를 지지하기 위해, 위원회는 연방기금금리의 목표 범위를 5.25~5.50%로 높이기로 결정했다. 위원회는 통화정책을 위한 추가 정보와 그 영향을 계속 평가할 것이다. 인플레이션을 장기적으로 2%로 되돌리는 데 어느 정도의 추가 정책 강화가 적절한지 결정할 때, 위원회는 통화정책의 누적 긴축, 통화정책이 경제활동과 인플레이션, 경제·금융 국면에 영향을 미치는 시간차를 고려할 것이다.

금융시장에서는 경기와 금리에 대한 Fed의 중장기 전망이 함께 발표되는 3·6·9·12월 FOMC를 특히 더 주목한다. 이때 성명과 함께 나오는 '경제전망 요약'(Summary of Economic Projections) 보고서에는 경제 성장률, 실업률, PCE 물가상승률, 기준금리 등에 대한 FOMC 위원들의 전망이 담긴다. 위원들이 예상한 기준금리 수준을 점으로 나타낸 표를 '점도표'(dot plot)라고 한다.

FOMC 의사록(minutes)도 중요하다. FOMC 정례회의에서 구체적으로 어떤 발언과 논의가 오갔는지 보여주는 회의록이다. FOMC 정례회의 3주 뒤에 요약본이 공개되고, 5년 뒤에는 전문이 모두 나온다. 성명에는 회의 결과만 반영되지만, 의사록에는 전반적인 회의 분위기가 그대로 드러난다. 반대표를 던진 이들이 제시한 구체적인 논거도

확인할 수 있다. FOMC 결정이 어떤 배경에서 나왔는지 파악하고, 향후 통화정책의 방향을 가늠하는 데 유익한 자료다.

미국의 기준금리는 '연방기금금리'(federal funds rate)다. 흔히 FF rate, 더 간단히는 그냥 rate라고 한다. 미국 은행들이 서로 주고받는 하루짜리 대출에 반영되는 금리다. Fed가 이를 조정하면 은행도 영업비용을 조정해야 한다. 금리인상으로 비용이 늘어나면 은행은 그 비용을 고객에게 떠넘긴다. 결국 Fed가 금리를 올리면 소비자의 대출비용 부담이 늘어 쓸 돈이 줄어든다. 기업도 마찬가지다. 결국 기준금리 인상으로 경제주체들의 가용자산이 줄면 경기가 둔화하거나 성장이 정체된다.

연방기금금리는 하한(lower limit)과 상한(upper limit)의 목표범위(target range)로 표시한다. 예문의 성명에 따르면 FOMC는 이번 회의에서 기준금리를 5.25~5.50%(5-1/4 to 5-1/2 percent)로 높였다. 연방기금금리는 하한(5.25%)과 상한(5.50%)의 차가 보통 0.25%포인트다. Fed가 기준금리를 움직일 때도 0.25%포인트씩 조정하는 게 일반적이다. FOMC는 이번에도 5.00~5.25%였던 기준금리를 5.25~5.50%로 0.25%포인트 올렸다.

%포인트(%p), 즉 퍼센트포인트(percent point · pp)는 두 백분율 사이의 차이를 나타내는 단위다. 0.01%포인트를 1베이시스포인트(basis point · bp)라고 한다. 0.25%포인트는 25bp다. 영어로는 보통 a(one) quarter a percentage point, a(one) quarter point라고 한다. quarter는 4

분의 1이다.

연방기금금리는 인플레이션이 극심했던 1980년대 초 한때 20%까지 올랐고, 2000년대 말 글로벌 금융위기(Global Financial Crisis · GFC)에 따른 경기침체 국면에서는 사상 처음 제로(0) 수준(0~0.25%)까지 떨어진 바 있다. Fed는 경기를 둔화시켜야 할 때는 연방기금금리를 올리고, 반대로 경제에 활력을 불어넣어야 할 때는 금리를 낮춘다. 경제 성장 속도를 늦추는 통화정책을 통화긴축정책, 성장을 북돋는 정책을 통화완화정책이라고 한다. 구체적인 내용은 다음 장에서 다룬다.

Keyword Expressions

- Federal Open Market Committee(FOMC) 연방공개시장위원회
- statement 성명 / minutes 의사록
- Federal Reserve Bank 연방준비은행
- target range 목표범위
- federal funds rate 연방기금금리(미국 기준금리)
- implication 영향, 결과, 암시
- firm 다지다, 강화하다
- take into account 고려하다
- tightening 긴축
- lag 뒤처지다, 침체하다, 뒤처짐, 지연
- development 국면
- benchmark rate 기준금리
- lower limit 하한 / upper limit 상한

완화냐, 긴축이냐

통화정책은 크게 두 갈래로 나뉜다. 궁극적으로 돈을 푸느냐, 거둬들이느냐다. 돈을 푸는 통화정책은 '확장적'(expansionary)이라 하고, 그 반대는 '긴축적'(contractionary)이라고 한다. 통화확장은 '통화완화'와 같은 말이다. 통화완화정책을 쓰면 힘 빠진 경기에 활력을 줄 수 있다. 약해진 인플레이션 압력도 높일 수 있다. 대표적인 통화완화 수단이 바로 금리인하(rate cut)다. 반대로 통화긴축은 경제 성장 속도를 늦추는 정책이다. 경기 과열로 인플레이션 압력이 너무 크다면, 통화 공급의 고삐를 죄어야 한다. 금리인상(rate hike)이 필요할 때다.

기준금리는 동결(freeze)할 수도 있다. 완화든, 긴축이든 기존 통화정책의 효과를 얼마간 두고 봐야 하거나, 경기가 지속적으로 안정세를 보이고 있다면 굳이 금리를 움직일 필요가 없다. 외신들은 Fed가 기준

금리를 동결한 경우 '그대로 두다'(leave rates unchanged) 또는 '유지하다'
(keep rates on hold) 등으로 풀어쓴다.

금리 외에 주목할 통화정책 수단으론 '양적완화'(quantitative easing · QE)
가 있다. 글로벌 금융위기를 계기로 중요한 통화완화책으로 부상했
다. 양적완화는 Fed가 공개시장에서 미국 장기 국채 같은 자산을 직
접 매입하는 것이다. Fed가 자산을 사들이는 만큼 시장에는 돈이 풀리
고 금리는 하락 압력을 받는다. Fed가 초유의 양적완화 실험에 나선
건 금융위기 당시 기준금리를 더 낮출 수 없는 상황이었기 때문이다.
Fed는 금융위기로 경기가 급격히 냉각되자, 기준금리를 역대 최저인
0~0.25%로 낮춘 채 수년간 동결해야 했다.

Fed가 양적완화로 매입하는 자산의 규모를 줄이는 걸 '테이퍼
링'(tapering), 이미 매입한 자산을 줄이는 것은 '양적긴축'(quantitative
tightening · QT)이라고 한다. 테이퍼링과 양적긴축은 통화긴축 효과를 낸
다. 특히 테이퍼링은 궁극적으로 양적완화 중단과 양적긴축, 금리인
상을 예고하는 것이기 때문에 관련 논의만으로도 시장에 큰 충격을
줄 수 있다. Fed가 2013~2014년 테이퍼링을 추진할 때도 글로벌 금
융시장이 격하게 반응했는데, 이를 '긴축발작'(taper tantrum)이라고 한다.

Major central banks are tentatively eyeing the end of aggressive
interest rate hikes as price pressures finally show signs of abating.
Inflation remains high across the globe, but in some big

economies has cooled faster than expected.

Upcoming decisions are on a knife-edge. Pausing too early could cause financial conditions to loosen too fast, re-igniting inflationary pressures. Stopping too late could trigger a credit crunch and a recession.

So far, nine developed economies have raised rates by a combined 3,840 basis points in this cycle. Japan is the holdout dove.*

––––––––––––

주요 중앙은행들이 마침내 물가압력이 완화 조짐을 보이자 잠정적으로 공격적인 금리인상의 끝을 바라보고 있다.

인플레이션은 전 세계적으로 높은 수준을 유지하고 있지만, 일부 경제대국에서는 예상보다 빠르게 냉각됐다.

––––––––––––

* Big central banks hike again with end of tightening in sight, Reuters(20230728)

곧 있을 결정들이 칼날 위에 서 있다. 너무 일찍 멈추면 금융상황이 너무 빨리 완화돼 인플레이션 압력에 다시 불을 댕길 수 있다. 너무 늦게 멈추는 것은 신용경색과 경기침체를 유발할 수 있다.

지금까지 9개 선진국이 이번 주기에 금리를 총 3840bp 인상했다. 일본은 이에 저항하는 비둘기다.

예문은 중앙은행의 딜레마를 잘 보여준다. 통화정책을 운용할 때 완화와 긴축의 균형을 이루는 게 쉽지 않다. 완화에서 긴축, 또는 긴축에서 완화로 통화정책 기조를 돌려 세우기 위한 '출구전략'(exit strategy)의 적절한 타이밍을 짜는 게 특히 난제다. 코로나19 팬데믹 사태로 경기침체가 한창일 때 Fed를 비롯한 중앙은행들은 서둘러 통화완화에 나섰다. Fed는 기준금리를 다시 제로(0) 수준으로 낮추고 사실상 무제한 양적완화에 돌입했다. 덕분에 경기는 회복세로 돌아섰지만, 인플레이션이 심해졌다. 다른 주요국의 사정도 비슷했다. 중앙은행들은 전략을 바꿔 금리인상 공세로 맞섰지만, 인플레이션은 쉽게 꺾이지 않았다. 인플레이션 압력이 다소 누그러졌다고 해도 통화완화로 곧장 선회하긴 어렵다. 일시적인 신호에 잘못 움직이면 인플레이션을 다시 부채질할 수 있어서다. 과도한 신중론도 위험하긴 마찬가지다. 필요 이상으로 길고 공격적인 금리인상은 경기회복세에 찬물을 끼얹을 수 있다. 신용경색(credit crunch)과 경기침체를 우려하는 이유다.

　주요 중앙은행들이 팬데믹 사태 이후 거세진 인플레이션에 맞서 통화긴축 공세를 펴는 동안 일본은행(Bank of Japan · BoJ)은 통화완화 기조를 고수했다. 일본 경제가 이미 수십 년 전부터 장기불황을 겪어 왔기

Keyword Expressions

- expansionary[easy, easing, loose(ning), accommodative] monetary policy 통화완화정책 / monetary expansion[easing, loosening] 통화완화
- contractionary[tight(ening), strict, austerity] monetary policy 통화긴축정책 / monetary contraction[tightening, austerity] 통화긴축
- rate cut[decrease, reduction] 금리인하
- rate hike[increase, rise] 금리인상
- freeze 동결(하다) *leave[keep] rates unchanged, keep rates on hold 금리를 동결하다
- quantitative easing(QE) 양적완화
- tapering 테이퍼링(양적완화 규모 축소) / taper 가느다란 양초, 점점 줄이다
- quantitative tightening(QT) 양적긴축(양적완화로 매입한 자산을 줄이는 일)
- tentatively 잠정적으로, 시험적으로, 머뭇거리며
- price pressure 물가압력(인플레이션 압력)
- abate 약해지다
- upcoming 다가오는, 곧 있을
- on a knife—edge[razor's edge] 칼날(면도날) 위에 서 있는, 안절부절 못하는, 불확실한
- credit crunch 신용경색
- recession 경기침체
- holdout (협조 등) 거부자, 저항
- hawk 매, 매파(hawkish 매파적인, 강경한) / dove 비둘기, 비둘기파(dovish 비둘기파적인, 온건한)

때문이다.

　보통 온건파는 '비둘기'(dove)에, 강경파는 '매'(hawk)에 비유하는데, 중앙은행에서는 통화완화 지지자들을 '비둘기파', 통화긴축론자들을 '매파'로 분류한다. Fed의 통화정책 향방을 점칠 때 시장에서는 FOMC 구성원들의 공개 발언에 주목하는데, 이들의 성향을 미리 알고 보면 행간을 읽는 데 도움이 된다.

최종대부자와 'Fed put'

경기를 살린 '헬리콥터' 머니

Fed와 같은 중앙은행들을 흔히 '최종대부자'(lender of last resort · LoR)라고 한다. 심각한 금융불안이 발생할 때마다 '최후의 보루'로서 마지막까지 돈을 대는 게 결국 중앙은행이기 때문에 생긴 말이다. 미국 투자은행 리먼브러더스(Lehman Brothers)가 2008년 9월 무너지면서 글로벌 금융위기가 본격화했을 때도 Fed를 비롯한 중앙은행들이 최종대부자로 나서 세계 경제를 되살렸다. Fed가 당시 뿌린 자금은 '헬리콥터 머니'(helicopter money)라고 할 정도로 무차별적이었다. '공짜 점심'(free lunch)이 없다는 건 누구나 아는 사실이지만, 사람들은 Fed가 헬리콥터에서 뿌린 천문학적인 자금에 환호했다. '헬리콥터 머니'는 노벨경제학상 수상자인 밀턴 프리드먼(Milton Friedman)이 1969년 발표한 논문에서 처음 쓴 용어다. 불경기에 무차별적으로 돈을 뿌리면 사람들이

이 돈을 쓰면서 경기에 힘을 실어줄 수 있다는 것이다. 실제로 경제에 활력을 불어넣기에는 소비만한 게 없다. 소비는 기업을 살찌우고, 기업은 고용확대와 임금인상으로 다시 소비를 촉진하는 '선순환'(virtuous circle)을 일으킨다.

문제는 중앙은행의 최종대부자 역할이 순기능만 하는 게 아니라는 점이다. 과도한 유동성(liquidity)은 인플레이션을 촉발할 수 있고, 시장에 풀린 자금이 대거 금융시장에 몰리면 시장이 과열돼 위험천만한 '거품'(bubble)을 만들어낼 수 있다. 중앙은행의 통화정책 기조가 갑자기 긴축으로 바뀌면 충격이 불가피하다.

For many years, the US Federal Reserve played the role of the Maytag Repairman with respect to inflation. With the expansion of globalisation and the resulting secular disinflation, there wasn't much for it to do to fight inflation. Rather, it could generously ease monetary policy during periods of financial market volatility without much concern that its efforts to save investors might spur inflation.

The repeated efforts to curtail financial market volatility led to the term the Fed "put". Investors viewed the Fed's behaviour as though the central bank were consistently writing a protective put option to limit investors' downside risk.

With perceived guaranteed downside protection, investors rationally took excessive risks because the Fed repeatedly quelled financial market volatility with significantly lower interest rates. Risk-taking often got extreme. There were three significant financial bubbles in the past 25 years — the dotcom boom, the housing market, and the surge in tech companies/growth stocks/ cryptocurrencies before recent sharp corrections.*

수년 동안 미국 Fed는 인플레이션과 관련해 메이태그의 수리공 역할을 했다. 세계화의 확대와 그로 인한 장기적인 디스인플레이션으로 Fed가 인플레이션과 싸우기 위해 할 일은 많지 않았다. 오히려 투자자를 구하기 위한 노력이 인플레이션을 자극할 수 있다는 우려 없이, 금융시장이 변동성을 겪는 동안 통화정책을 관대하게 완화할 수 있었다.

금융시장의 변동성을 줄이려는 반복된 노력은 Fed "풋"이라는 용어를 만들

---

* End the Fed 'put', Financial Times(20230201)

어냈다. 투자자들은 Fed의 행동을 마치 중앙은행이 투자자들의 하방위험을 제한하기 위한 보호 풋옵션을 지속적으로 써주는 것으로 봤다.

하방 보호가 보장된다는 인식 아래 투자자들은 합리적으로 과도한 위험을 감수했다. Fed가 금리를 크게 낮춰 반복적으로 금융시장 변동성을 잠재웠기 때문이다. 위험 감수는 종종 극단적으로 치달았다. 지난 25년간 3개의 중요한 금융 거품이 있었는데, 닷컴 붐, 주택시장 그리고 최근 급격한 조정 전의 기술 기업/성장주/암호화폐의 급등이다.

예문에 등장하는 메이태그(Maytag)는 1893년 설립된 미국 세탁기 회사다. 2006년 월풀(Whirlpool)에 인수됐지만, 수리가 필요 없을 정도로 좋은 제품을 만들기로 유명했다. 그러니 '메이태그 수리공'(Maytag Repairman)은 할 일이 없는 셈이다. Fed를 이 수리공에 빗댄 건 물가상승률이 떨어지는 '디스인플레이션'(disinflation)이 장기간 지속됐기 때문이다. 최대고용과 함께 물가안정을 이중책무로 삼는 Fed가 한동안 인플레이션과 싸울 일이 없었다는 얘기다. 노동비용 등을 절감시켜준 세계화도 물가상승 압력을 낮추는 데 일조했다. 덕분에 Fed는 금융시장이 불안할 때면 인플레이션 걱정 없이 적극적인 통화완화로 대응할 수 있었다.

Fed가 금융시장의 구원자로 나서는 일이 반복되면서 생긴 용어가 이른바 '페드 풋'(Fed put)이다. 시장의 불안이 고조되면 Fed가 결국 자산가격의 하락 위험(하방위험 downside risk)을 피할 수 있는 '풋옵션'(put option)과 같은 역할을 해온 데서 비롯된 말이다. 투자자들은 경험을 근거로 위기가 닥치면 Fed가 최종대부자로 등판해줄 것이라고 굳게 믿는다. 시장이 불안할 때 과도한 위험을 감수하는 게 오히려 합리적일 수 있는 이유다.

페드 풋의 원조는 1987년 8월부터 2006년 1월까지 Fed 의장을 지낸 앨런 그린스펀이다. 취임 2개월 만에 뉴욕증시 대폭락 사태(블랙먼데이)를 맞은 그는 수개월에 걸친 금리인하로 증시의 반등을 주도했다. 당시 그린스펀의 강력한 통화부양 조치는 '그린스펀 풋'이라고 불린다. 당시 시장이 환호했던 그린스펀의 통화완화 공세는 2000년대 중반 미국 부동산시장의 거품을 만들어 글로벌 금융위기의 불씨가 됐다는 비판을 받는다.

Keyword Expressions

- lender of last resort(LoR) 최종대부자 / last resort 마지막 수단
- virtuous circle 선순환 / vicious circle 악순환
- liquidity 유동성
- with respect to ~에 대해서, ~면에서
- secular 장기적인, 세속적인 *secular stagnation (구조적인) 장기침체
- disinflation 디스인플레이션(물가상승률이 하락하는 현상)
- rather 그보다는, 오히려, 차라리
- ease 완화하다
- volatility 변동성
- spur 자극하다, ~에 박차를 가하다
- curtail 줄이다
- lead to ~을 초래하다
- as though[if] 마치 ~인 것처럼
- downside risk 하방위험 / upside risk 상방위험
- (ir)rationally (비)합리적으로, (비)이성적으로
- quell 진압하다, 가라앉히다
- risk-taking 위험감수 / take a risk[risks] 위험을 감수하다
- get extreme 극단화하다
- growth stock 성장주 / value stock 가치주
- cryptocurrency 암호화폐
- correction 조정 *주식 등 자산가격이 최근 고점에서 10% 이상, 20% 미만 하락하는 경우를 조정이라고 함

5

재정정책

② 재정적자와 국가부채

③ 부채한도와 셧다운, 디폴트, 신용강등

재정정책은 대개 '확장적'

정부는 재정정책(fiscal policy)으로 세수(tax revenue 세금으로 받는 수입)와
공공지출(public spending) 규모를 조절한다. 통화정책(monetary policy)과
마찬가지로 경기부양을 위한 재정정책을 '확장적'(expansionary), 경기를
가라앉히는 재정정책은 '긴축적'(contractionary)이라고 한다. 경기가 나쁠
때는 세수를 줄이고, 지출은 늘려 경기에 힘을 싣는다. 반대로 경기
가 너무 달아올라 인플레이션 위험이 커지면 세수를 늘리고, 씀씀이
는 줄여 경기를 식힌다. 세율(tax rate)을 높이면 세수가 늘어나고, 세율
을 낮추면 세수가 줄어든다. 정부가 직접 지출을 늘리거나 줄이기도
한다. 도로를 비롯한 사회기반시설(infrastructure)을 짓는 공공사업을 확
대하거나 사회보장 혜택을 강화하는 게 대표적인 재정지출 확대책이
다. 가계와 기업의 소비와 투자를 북돋아 궁극적으로 '총수요'(aggregate

demand)를 늘리는 일이다.

정부의 재정정책과 중앙은행의 통화정책은 운용 주체만 다를 뿐, 경기가 나쁠 땐 돈줄을 풀고 경기가 과열됐을 때는 돈줄을 죈다는 점에서 비슷하다.

주목할 건 정부의 재정정책은 대개 확장적이라는 점이다. 국민 저항에 따른 정치적 부담 탓에 긴축재정을 운용하는 경우는 드물다. 같은 이유로 정부를 견제해야 할 의회도 대놓고 재정긴축을 압박하긴 어렵다. 세제혜택의 범위나 재정지출 확대 규모 등을 놓고 다툴 뿐이다. 때문에 과열된 경기를 식힐 때는 주로 정치적 독립성을 내세운 중앙은행이 전면에 나선다.

2020년 초 불거진 코로나19 팬데믹 사태는 세계 경제를 침체로 몰아넣었다. 미국을 비롯한 주요국은 글로벌 금융위기 때처럼 재정정책과 통화정책을 총동원해 경기부양에 나섰다. 중앙은행들이 초저금리정책(ultra-low interest rate policy)을 구사하는 사이, 각국 정부는 적극적인 재정부양(fiscal stimulus)으로 대응했다. 일제히 세제를 완화하고, 유례없는 규모로 재정지출을 늘렸다. 도이체방크(Deutsche Bank)에 따르면 미국 정부는 팬데믹 사태 때 국민들에게 1인당 1만 2,390달러를 풀었다. 1930년대 '대공황'(Great Depression)을 극복하기 위해 추진한 '뉴딜'(New Deal) 정책 때(1인당 6,311달러)보다 2배나 많은 돈을 직접 쓴 셈이다. 팬데믹 시기의 재정확대정책이 인플레이션을 부추겼으며, 인플레이션을 잡기 위한 중앙은행들의 노력을 무력화한다는 비판이 나올 만하다.

The early days of the pandemic were among the darkest economic moments in recent history for low-income Americans struggling with unemployment and lost incomes. The Trump administration quickly provided relief by signing a $2 trillion package in March 2020 that sent $1,200 checks to every American who earned less than $75,000 along with enhanced unemployment, and forgivable business loans. President Joe Biden followed with additional stimulus money.

In total, American households received more than 472 million pandemic relief payments worth $803 billion. In total, nearly $5 trillion went to households, businesses, local governments, and other institutions.

......

For months, partisan debates have raged over whether the early pandemic stimulus fueled the past year's high inflation, or if high prices were caused by other factors like China's COVID lockdowns tangling supply chains.

The answer, according to a new study by the St. Louis Fed, is that government stimulus was indeed responsible for some U.S.

inflation. The authors found that 2.6 percentage points of the 7.9% 12-month inflation rate in February 2022 was due to stimulus.*

팬데믹 초기는 실업과 소득 상실로 고전하는 저소득 미국인들에게 최근 역사상 가장 암울한 경제적 순간 중 하나였다. 트럼프 행정부는 2020년 3월 강화된 실업수당과 탕감형 기업대출에 더해 연소득 7만 5,000달러 미만의 모든 미국인들에게 1,200달러짜리 수표를 지급하는 2조 달러 규모의 패키지에 서명함으로써 신속한 구호를 제공했다. 조 바이든 대통령도 추가 부양 자금으로 뒤를 따랐다.

미국 가구들은 8,030억 달러 규모, 총 4억 7,200만 건 이상의 팬데믹 구호금을 받았다. 총 5조 달러 가까이가 가구, 기업, 지방 정부와 기타 기관에 돌아갔다.

......

몇 개월 동안 초기 팬데믹 경기부양책이 지난해의 높은 인플레이션을 부채질했는지, 아니면 공급망을 꼬이게 한 중국의 코로나 봉쇄와 같은 다른 요인들이 고물가를 초래했는지를 두고 당파적 논쟁이 치열했다.

---

* Stimulus money boosted inflation by 2.6%—but it also likely prevented an even worse crisis, Fed study finds, Fortune(20230202)

> 세인트루이스 연방준비은행의 새 연구에 따르면 답은 정부 부양책이 실제로 미국의 일부 인플레이션에 책임이 있다는 것이다. 저자들은 2022년 2월 12개월 물가상승률 7.9% 중 2.6%포인트가 부양책 때문임을 알아냈다.

팬데믹 사태가 터지자 당시 미국의 도널드 트럼프 행정부는 즉각 2조 달러 규모의 경기부양책을 추진했다. 미국 연간 국내총생산(GDP)의 10%에 상당하는 역대 최대 규모의 슈퍼 부양책이었다. 현금 재난수당 지급, 실업수당(unemployment benefit) 증액·연장, 산업계 지원 등 다양한 대책이 담겼다.

Keyword Expressions

- fiscal policy 재정정책
- (tax) revenue 세수 / 세출(지출) spending, expenditure
- expansionary[easy, easing, loose(ning), accommodative] fiscal policy 재정완화정책 / fiscal expansion[easing, loosening] 재정완화
- contractionary[tight(ening), strict, austerity] fiscal policy 재정긴축정책 / fiscal contraction[tightening, austerity] 재정긴축
- tax rate 세율
- aggregate demand 총수요 / aggregate supply 총공급
- ultra-low interest rate policy 초저금리 정책
- fiscal stimulus 재정부양
- relief 구제, 구호, 경감, 안도
- forgivable 탕감할 수 있는, 용서할 수 있는
- partisan 당파적인, 편파적인 / non-partisan 초당적인, 초당파의
- lockdown 봉쇄, 감금, 제재
- tangle 얽히게 하다, 혼란스럽게 하다
- supply chain 공급망

❷
재정적자와 국가부채

'세수'와 '세출'의 균형

월급쟁이는 항상 돈에 쪼들린다. 쓸 수 있는 돈보다 쓸 돈이 더 많아 월급날이 돌아오기 전에 돈이 바닥난다. 정부도 다를 바 없다. 정부는 세금으로 받는 수입을 근거로 지출(세출) 계획을 세운다. 이를 예산(budget)이라 한다. 보통은 세수와 세출의 균형(budget balance)을 추구하지만, 수입보다 훨씬 더 많은 돈을 써야 할 때가 많다. 경기부양이 필요할 때가 대표적이다. 수입보다 지출이 많으면 예산에 구멍이 뚫리는데, 이를 '재정적자'(fiscal deficit)라고 한다. 재정적자는 정부가 국채(government bond)를 발행해 조달한 자금, 다시 말해 '국가부채'(government debt)로 메운다. 2023년 8월 현재 미국의 국가부채는 약 32조 6,600억 달러에 이른다.

The federal government's deficit nearly tripled in the first nine months of the fiscal year, a surge that's bound to raise concerns about the country's rising debt levels.

The Treasury Department said Thursday that the budget gap from October through June was nearly $1.4 trillion — a 170% increase from the same period a year earlier. The federal government operates under a fiscal year that begins October 1.

The shortfall adds to an already large federal debt — estimated at more than $32 trillion. Financing that debt is increasingly expensive as a result of rising interest rates. Interest payments over the last nine months reached $652 billion — 25% more than during a same period a year ago.*

———————————

연방정부의 적자는 이번 회계연도 첫 9개월간 거의 3배 증가했는데, 이는 높아지고 있는 국가부채 수준에 대한 우려를 불러일으킬 수밖에 없다.

———————————

* The federal deficit nearly tripled, raising concern about the country's finances, NPR(20230713)

재무부는 10월부터 6월까지의 예산 격차가 1조 4,000억 달러에 이른다고 목요일에 밝혔다. 이는 1년 전 같은 기간보다 170% 늘어난 것이다. 연방정부는 10월 1일부터 시작되는 회계연도에 따라 운영된다.

이 부족액은 32조 달러 이상으로 추정되는 이미 많은 연방 부채를 늘리게 된다. 이 부채를 조달하는 것은 금리상승 여파로 점점 더 비싸지고 있다. 지난 9개월간 이자 지불액은 6,520억 달러에 달했는데, 이는 1년 전 같은 기간보다 25% 늘어난 것이다.

예산의 유효기간, 즉 예산 집행이 시작돼 끝나기까지 1년을 '회계연도'(fiscal year)라고 한다. 회계연도는 나라마다 다르다. 우리나라는 달력연도(calendar year)와 같은 1월 1일부터 12월 31일까지다. 이에 비해 미국 연방정부는 10월 1일부터 다음해 9월 31일까지를 회계연도로 삼는다. 기업들의 회계연도도 정하기 나름이다.

예문에 따르면 미국 연방정부의 재정적자(deficit, budget gap, shortfall)는 2023년 6월 현재 약 1조 4,000억 달러에 달한다. 전년 같은 기간보다 170%(약 3배) 늘었다. 기사는 재정적자가 이미 32조 달러를 넘어선 연방정부의 부채를 더 늘릴 것이라며, 금리인상의 영향을 우려하고 있다.

실제로 빚이 이미 많은 사람이 빚을 더 내려면 빚이 적은 사람보다 더 높은 이자를 감수해야 한다. 자금조달비용(financing cost)이 그만큼 늘어나는 셈이다. 부채가 많으면 '디폴트'(default 채무불이행) 위험이 커지기 때문에 돈을 빌려주는 쪽에서는 더 많은 위험 보상을 요구한다. 이에 더해 기준금리 인상으로 시중금리가 오르면 이자 부담은 훨씬 더 커진다. 재정적자, 즉 국가부채를 우려하게 되는 이유다.

세수를 늘리기 어려운 정부는 돈을 찍어 빚을 갚으려 한다. 몇 년 전 미국 정치권에서 논쟁이 된 '현대화폐이론'(Modern Monetary Theory · MMT)은 통화를 발행할 수 있는 나라라면, 채무상환에 필요한 돈을 얼마든지 찍어낼 수 있어 파산할 일이 없다고 본다. MMT 옹호론자들은 정부가 완전고용을 달성할 때까지 돈을 찍어 재정지출을 극대화해도 문제 될 게 없다는 입장이다. 돈을 계속 찍어내는 데 따른 인플레이션 위험은 나중에 세수를 늘리고 국채를 발행해 과잉 유동성(excessive liquidity)을 거둬들이면 그만이라고 주장한다.

그러나 주류 경제학자들은 경기부양을 위한 일시적인 재정확대(재정적자)는 용인할 수 있지만, 장기적으로는 재정 균형을 추구해야 한다고 강조한다. 무차별적인 재정확대로 인플레이션 고삐가 풀리면 국가 경제가 파탄날 수 있다는 이유에서다. 과도한 인플레이션은 그 자체로도 위험하지만, 인플레이션을 통제하기 위한 중앙은행의 통화긴축 공세도 경제를 궁지로 몰아넣기 쉽다.

다만 재정 여건은 나라마다, 경기순환에 따라 다를 수밖에 없으므로 시장에서는 국내총생산(GDP) 대비 비율을 추적하는 게 더 합리적이라고 본다. 유럽연합(EU)은 GDP 대비 재정적자 비율(deficit-to-GDP ratio) 3%, 부채 비율(debt-to-GDP ratio) 60%를 '황금률'(golden rule)로 삼아 회원국의 재정을 규제해왔다. 다만 최근에는 경기부양 부담과 더불어 산업투자 수요가 커지면서 기준을 완화해야 한다는 주장이 세를 불리고 있다.

Keyword Expressions

- budget 예산
- fiscal deficit 재정적자 / fiscal surplus 재정흑자
- government[sovereign] bond[debt] 국채
- government[sovereign, national, public] debt 국가부채(government liability)
- fiscal year 회계연도 *calendar year 달력연도(역년)
- be bound to 반드시 ~하다, ~하려고 마음먹다, ~하기 마련이다.
- The Treasury Department (미국) 재무부
- shortfall 부족분
- finance 자금을 조달하다 *financing cost 자금조달비용
- interest 이자 *interest rate 이자율, 금리
- default 디폴트, 채무불이행
- excessive liquidity 과잉 유동성
- golden rule 황금률

부채한도와 셧다운, 디폴트, 신용강등

빚을 질 수 있는 상한선

미국은 1917년 '부채한도'(debt ceiling)를 법으로 정했다. 제1차 세계대전이 한창이던 때라 군비조달 등과 관련해 연방정부에 차입(borrowing)에 대한 책임을 부여할 필요가 있었다. 그 전에는 의회가 매번 재무부에 차입 권한을 줘야 연방정부의 자금조달이 가능했다.

미국의 부채한도는 말 그대로 연방정부가 빚을 질 수 있는 상한선이다. debt limit, borrowing limit라고도 한다. 국가부채의 한도를 미리 정해둔 덕분에 미국 정부는 재무부를 통해 의회의 승인 없이 한도 내에서 자유롭게 국채를 발행할 수 있다. 법으로 정한 한도는 동시에 재정에 대한 책임을 정부에 지워 방만한 재정 운용을 막는 역할을 한다.

국가부채가 한도에 도달하면 미국 정부는 더 이상 빚을 낼 수 없게된다. 국채 발행이 중단되는 셈이다. 안 그래도 세수보다 지출이 많은 재정적자 상황에서 국채를 발행해 추가 자금을 조달하지 못하면 국가 기능과 경제가 마비될 수 있다. 예산 집행이 안 돼 정부기관이 일시 폐쇄되는 '셧다운'(shutdown)이나 기존 부채의 원리금을 갚지 못하는 디폴트(default 채무불이행), 즉 국가부도(sovereign default) 사태가 발생할 수 있다.

부채가 한도에 이르면 재무부는 먼저 '특례조치'(extraordinary measures)로 남은 현금을 최대한 지키려 한다. 공무원 퇴직연금 등 각종 연기금의 신규 납부를 중단하는 식이다. 물론 이런 조치는 현금이 바닥나기 전까지 쓸 수 있는 임시방편일 뿐이다. 셧다운이나 디폴트 위험을 피하려면 궁극적으로 부채한도를 유예하거나(suspend) 높여야(raise) 한다. 백악관과 의회의 갈등이 불가피한 일인데, 미국의 부채한도는 이미 수십 차례에 걸쳐 상향조정됐다.

President Biden signed into law bipartisan legislation that suspends the $31.4 trillion debt ceiling, narrowly avoiding an unprecedented U.S. default that could have pushed the economy into a recession and touched off a financial crisis.

The president signed the bill on Saturday afternoon, just two days before the government was set to run out of money to pay all of its bills, according to Treasury Department estimates.

The legislation's enactment caps weeks of tense negotiations between the White House and House Republicans that were spurred by GOP lawmakers' demands to cut spending in exchange for raising the nation's borrowing limit.

The Fiscal Responsibility Act suspends the debt ceiling through Jan. 1, 2025, pushing the issue beyond the 2024 elections, in exchange for cuts in unspecified domestic programs and a 3% cap on increases for military spending in fiscal 2024.*

바이든 대통령은 31조 4,000억 달러의 부채한도를 유예하는 초당적 법안에 서명하며 경제를 침체로 몰아넣고 금융위기를 촉발할 수도 있었던 유례없는 미국의 디폴트를 간신히 피했다.

대통령은 재무부 추산으로 정부가 모든 청구서를 지불할 돈이 바닥나기 불과 이틀 전인 토요일 오후에 법안에 서명했다.

---

* With Biden's Signature, Debt-Ceiling Saga Is a Wrap, The Wall Street Journal(20230603)

이번 입법은 국가의 차입 한도를 높이는 대가로 지출을 삭감하라는 공화당 의원들의 요구에서 비롯된 백악관과 하원 공화당 사이의 수 주간에 걸친 팽팽한 협상을 마무리했다.

재정책임법은 불특정 국내 프로그램 지출 삭감과 2024회계연도 방위비 증액 규모를 3%로 제한하는 것을 대가로 2025년 1월 1일까지 부채상한을 유예하며, 이 문제를 2024년 선거 이후로 미뤘다.

미국의 국가부채는 2023년 1월 약 31조 4,000억 달러에 이르는 한도에 도달했다. 정치권은 부채한도 증액 여부를 놓고 협상에 돌입했지만, 협상이 수개월간 공전하는 사이 셧다운과 디폴트에 대한 우려가 고조됐다. 부채한도 협상은 같은 해 5월 말에야 한도를 2년 유예하는 합의로 마무리됐다. 조 바이든 미국 대통령은 재무부가 지목한 현금 고갈 시점을 불과 이틀 앞두고 해당 법안에 서명했다.

일각에서는 부채한도 무용론이 제기된다. 상향조정되기 일쑤인 부채한도는 오히려 방만한 재정 운용을 뒷받침하고, 불필요한 정치권의 갈등만 초래한다는 이유에서다. 특히 부채한도를 둘러싼 정치권의 벼랑 끝 협상과 이 과정에서 필연적으로 불거지는 셧다운·디폴트 위기는 미국의 국가신용등급(sovereign credit rating) 강등의 빌미가 돼 왔다.

급기야 국제 신용평가사(credit rating agency) 피치(Fitch Ratings)는 2023

년 8월 미국의 국가신용등급을 최고 등급인 'AAA'(triple-A)에서 'AA+'
로 한 단계 낮췄다. 눈덩이처럼 불어나고 있는 국가부채와 부채한도
의 증액 여부를 놓고 다투는 정치권의 극한 대립이 재정 악화와 정치
불안을 초래해 미국의 지불능력을 의심케 한다는 게 이유였다.

Rating agency Fitch on Tuesday cut the United States government's top credit rating, a move that drew an angry response from the White House and surprised investors, coming despite the resolution two months ago of the debt ceiling crisis.

……

Fitch downgraded the US to AA+ from AAA, citing fiscal deterioration over the next three years and repeated down-to-the-wire debt ceiling negotiations that threaten the government's ability to pay its bills.

The move follows a decision by S&P Global Ratings to strip the US of its triple-A rating in 2011, and leaves Moody's Investors Service as the only one of the main rating agencies to keep the

---

* Fitch cuts US credit rating to AA+; Treasury calls it 'arbitrary', Reuters(20230803)

nation at its highest level.*

_____

신용평가사 피치는 화요일 미국 정부의 최고 신용등급을 강등했다. 이 조치
는 두 달 전 부채한도 위기가 해소됐음에도 불구하고 나온 것으로, 백악관에서
성난 반응을 이끌어내고 투자자들을 놀라게 했다.

……

피치는 향후 3년간의 재정악화와 정부의 청구서 지불 능력을 위협하는 끝까
지 가기 일쑤인 부채한도 협상을 거론하며 미국의 신용등급을 AAA에서 AA+
로 하향 조정했다.

이 조치는 2011년 S&P글로벌레이팅스가 미국의 트리플A 등급을 박탈하기
로 결정한 데 이어 나온 것으로, 무디스인베스터스서비스가 미국을 최고 수준
으로 유지하는 유일한 주요 평가기관으로 남게 됐다.

이미 또 다른 신용평가사인 S&P(S&P Global Ratings)는 2011년 미국의
신용등급을 똑같이 강등해 글로벌 금융시장에 큰 충격을 줬다. 미국
정치권이 부채한도 증액 협상에서 난항을 겪던 중에 일어난 일이다.
당시 사상 최초였던 미국의 국가신용등급 강등은 글로벌 금융시장의
최고 안전자산(safe haven)인 미국 국채(Treasury)의 위상을 뒤흔드는 대

사건이었다. 피치가 12년 만에 S&P의 뒤를 따르면서 세계 3대 신용 평가사 가운데 미국의 트리플A 등급을 인정하고 있는 곳은 무디스 (Moody's Investors Service)만 남게 됐다.(2023년 11월 현재)

국가신용등급은 그 나라 정부가 발행하는 국채의 위험 수준을 나타낸다. 신용등급이 높을수록 안전한 국채로 평가받기 때문에 더 저렴한 비용(낮은 금리)으로 국채를 발행할 수 있다. 기업들이 발행하는 회사채(corporate bond)도 마찬가지다. 보통 최고 등급인 'AAA'에서 'BBB−'(또는 'Baa3')까지를 '투자(적격)등급'(investment grade), 'BB+'(또는 'Ba1') 이하를 '투기등급'(speculative grade)으로 구분한다. 투기등급은 '정크(junk 쓰레기)등급'이라고도 한다. 이 등급의 채권이 '정크본드'(junk bond)다. 정크본드는 투자 위험이 큰 만큼 금리가 높은 게 특징이다. 채권은 뒤에서 따로 자세히 다룬다.

Keyword Expressions

- debt ceiling 부채한도(debt limit, borrowing limit)
- borrowing 차입
- (government) shutdown 미국 연방정부의 일부 기능이 중단되는 정부 폐쇄
- default 디폴트, 채무불이행 *sovereign default 국가부도
- suspend 유예하다, 중단하다
- raise 올리다, 인상하다
- sign into law (법안에) 서명해 승인하다
- bipartisan 양당의, 초당적인
- legislation 법률, 법령, 법률 제정
- touch off 촉발하다
- enactment 법률 제정, 입법
- cap 상한(을 정하다), 마무리하다
- House (미국의) 하원(House of Representatives) / Senate 상원
- GOP 미국 공화당(Grand Old Party, Republican Party), Republican 공화당원 / Democratic Party 민주당, Democrat 민주당원
- spur ～에 박차를 가하다, 몰아대다, 자극하다
- resolution 해결, 결의, 결정, 결의문
- citing ～를 이유로 들어, ～를 거론(인용)하며
- deterioration 악화
- down-to-the-wire 최후까지, 끝까지 *go (right) down to the wire 끝까지 가다
- safe haven 피난처, 안전자산
- Treasury 미국 국채 *The Treasury Department (미국) 재무부
- corporate bond 회사채

122

6

C H A P T E R

주식시장

미국 증시 훑어보기

세계 최대 자본시장

미국 주식시장은 시가총액(market capitalization)이 약 46조 2,000억 달러(2023년 6월 말 현재)에 이르는 세계 최대 자본시장(capital market)이다. 주식시장에 상장된 주식을 시가로 평가한 값을 시가총액이라 한다. 해당 종목의 규모와 가치를 반영한다. 발행주식수(outstanding shares)에 주가를 곱하면 된다. 간단히 시총, market cap, market value라고 한다. 규모에 따라 대형주(large cap), 중형주(mid cap), 소형주(small cap) 등으로 구분한다. 대형주 중에도 크면 메가캡(mega cap), 소형주보다 작으면 마이크로캡(micro cap)이라고 한다.

미국 상장 주식을 사고파는 양대 거래소로는 뉴욕증권거래소(New York Stock Exchange · NYSE)와 나스닥(National Association of Securities Dealers Automated Quotation System · Nasdaq)이 꼽힌다. 여기서 거래되는 종목들

가운데 일부가 스탠더드앤드푸어스(S&P) 500, 다우존스산업평균(Dow Jones Industrial Average), 나스닥종합지수(Nasdaq Composite Index) 등 3대 지수를 구성한다. 보통 S&P500, 다우, 나스닥이라고 한다.

S&P500은 미국 증시의 기준(benchmark)이 되는 간판 지수다. 11개 주요 업종(sector)에서 500대 우량 종목을 선별해 담는다. 11개 업종은 ▷Information Technology(정보통신) ▷Health Care(헬스케어) ▷Financials(금융) ▷Consumer Discretionary(임의소비재) ▷Communication Services(통신서비스) ▷Industrials(산업) ▷Consumer Staples(필수소비재) ▷Energy(에너지) ▷Utilities(유틸리티) ▷Real Estate(부동산) ▷Materials(소재) 등이다. 임의소비재는 사치품처럼 생존과 무관한 소비재다. 유틸리티업종엔 전기나 수도 등을 공급하는 공공·기간산업 관련 기업들이 포함된다.

다우지수는 우량주(blue-chip stocks) 중에서도 엄선한 30개 종목의 주가를 반영한다. 나스닥지수는 나스닥 거래소에 상장된 기업들의 주가 흐름을 보여준다. 애플, 알파벳(구글의 모회사), 아마존, 마이크로소프트(MS) 등 기술기업 비중이 높지만, 다른 업종도 두루 포함된다. 시장에서는 보통 나스닥시장에서 비금융권의 100종목만 선별해 구성한 나스닥100지수를 기술주 대표 지수로 꼽는다. 이밖에 중소형주를 반영하는 지수로는 ▷S&P Mid-Cap 400 ▷Russell Midcap ▷Wilshire US Mid-Cap ▷Russell 2000 ▷Russell 3000 등이 있다.

미국 뉴욕증시의 정규장(regular market)은 동부시간 기준 오전 9시 30분부터 오후 4시(한국시간 밤 11시 30분~다음날 오전 6시. 서머타임 땐 밤 10시 30분

~다음날 오전 5시)까지 열린다. 주목할 건 정규장 전후로도 거래가 가능하다는 점이다. 개장 전 시간 외 거래는 '프리마켓 트레이딩'(pre-market trading), 개장 후 거래는 '애프터 아워스 트레이딩'(after-hours trading)이라고 한다. extended-hours trading도 같은 말이다. 미국 동부시간 기준으로 개장 전에는 보통 오전 8시(최대 오전 4시)부터, 개장 후에는 저녁 8시까지 거래할 수 있다. 미국 증시 거래 시간이 이렇게 늘어난 건 기술의 발달과 세계적인 투자수요가 맞물린 결과다. 시간 외 시장은 최신 정보에 즉각 대응하기 좋지만, 투자 위험 또한 만만치 않다. 무엇보다 참여자수와 거래액이 상대적으로 적어 유동성이 부족하고, 가격 변동성이 커질 수 있어 문제다.

The S&P 500 ended nearly flat on Friday as gains in defensive sectors and energy offset weakness in megacap growth stocks, while investors looked toward next week's speech by Federal Reserve Chair Jerome Powell.

Megacap technology-related growth stocks dipped, with Alphabet(GOOGL) down 1.9% and Tesla(TSLA) falling 1.7%, as investors fretted that interest rates could stay higher for longer.
The tech-heavy Nasdaq(IXIC) posted the biggest weekly decline of the three major indices, losing 2.6%.

With no major catalysts driving markets, focus has shifted to Powell's speech at the Jackson Hole economic symposium next Friday for clues on the interest rate outlook as well as earnings from chip designer Nvidia(NVDA) on Wednesday.

The S&P 500(SPX) lost 0.65 points, or 0.01%, to 4,369.71 and the Nasdaq Composite(IXIC) dropped 26.16 points, or 0.2%, to 13,290.78.

The Dow Jones Industrial Average(DJIA) rose 25.83 points, or 0.07%, to 34,500.66 points.

The CBOE volatility index(VIX) hit its highest in nearly three months, reflecting rising investor anxiety.*

---

* S&P 500 ends near flat as energy, defensive sectors counter megacap declines.
Reuters(20230818)

127

S&P500은 투자자들이 제롬 파월 Fed 의장의 다음 주 연설에 관심을 기울이는 사이 방어업종과 에너지의 상승이 대형 성장주의 약세를 상쇄하면서 금요일 거의 보합세로 마감했다.

메가캡 기술 관련 성장주는 투자자들이 금리가 더 오랫동안 더 높게 유지될 수 있다고 불안해하면서 하락했다. 알파벳이 1.9%, 테슬라가 1.7% 떨어졌다.

기술주 중심의 나스닥은 2.6% 하락하며 3대 지수 가운데 최대 주간 하락폭을 기록했다.

시장을 움직이는 주요 촉매제가 없는 가운데 관심은 수요일 반도체 설계회사 엔비디아의 실적뿐 아니라 금리 전망에 대한 단서를 찾아 파월의 다음 주 금요일 잭슨홀 경제 심포지엄 연설로 초점이 이동했다.

S&P500은 4,369.71로 0.65포인트, 또는 0.01% 하락했고, 나스닥종합은 1만 3,290.78로 26.16포인트, 0.2% 떨어졌다.

다우존스 산업평균은 3만 4,500.66포인트로 25.83포인트, 0.07% 올랐다.

CBOE 변동성지수(VIX)는 거의 3개월 만에 최고치를 기록하며 투자자들의 예문은 흔한 주말 시황 기사 가운데 일부다. 제롬 파월 Fed 의장이 잭슨홀(Jackson Hole) 연설에서 금리인상 기조 유지 방침을 내비칠 것이라는 우려로 알파벳, 테슬라 같은 대형 기술 '성장주'(growth stocks)가 하락했다는 것이다. 흔히 '잭슨홀' 또는 '잭슨홀 미팅'이라고 하는 '잭슨홀 경제 심포지엄'(Jackson Hole Economic Symposium)은 미국 캔자스시티 연방준비은행이 1970년대부터 여름마다 와이오밍주 잭슨홀에서 개최해온 연례행사다. 주요국 중앙은행 수장과 재무장관, 경제학자, 금융시장 전문가들이 두루 참석한다. 글로벌 금융위기 이후 Fed 의장의 연설이 주목받으며 국제 금융시장에서 주목하는 이벤트로 부상했다.

성장주는 말 그대로 성장 잠재력이 큰 종목을 말한다. 첨단 기술을 앞세운 기술기업들이 대표적이다. 당장 실적은 좋지 않아도 주가는 기대 이익을 반영해 상대적으로 높기 마련이다. 금리가 오르면 미래 기대 수익의 현재 가치가 떨어지기 때문에 주가에 부정적이다. 따라서 Fed의 금리인상을 부추기는 인플레이션 역시 성장주엔 악재가 된다.

반면 '가치주'(value stocks)는 비교적 탄탄한 펀더멘털(fundamental 기초체력)에 비해 저렴한 가격에 거래되는 주식을 말한다. 실적 대비 주가 수준, 또는 그에 대한 평가를 '밸류에이션'(valuation)이라고 하는데, 성장주는 밸류에이션이 높고 가치주는 밸류에이션이 낮다.

'경기방어주'(defensive stocks)와 '경기민감주'(cyclical stocks)도 구분해보

자. 경기방어주는 경기와 무관하게 꾸준한 실적을 내는 업종의 종목들을 말한다. 대개 배당(dividend)이 안정적이어서 경기가 불안할 때 인기가 높아진다. 이에 반해 경기민감주는 경기가 좋으면 오르고, 나쁘면 내리는 경향이 있는 종목들이다. S&P500지수의 9개 업종 가운데는 ▷헬스케어 ▷필수소비재 ▷유틸리티가 경기방어주, 나머지는 모두 경기민감주에 속한다.

예문 말미에 등장하는 CBOE(Chicago Board Options Exchange 시카고옵션거래소) 변동성지수(volatility index · VIX)는 미국 월가에서 흔히 '공포지수'(fear index)로 통한다. 투자자들의 불안감이 얼마나 높은지 보여준다. 미국 증시 대표지수인 S&P500을 대상으로 한 '옵션'(option)을 매입할 때 드는 비용을 상대적으로 측정한 값이다. 옵션은 주식이나 채권, 주가지수 등 특정자산을 장래 어느 시점에 미리 정한 가격으로 사거나 팔 수 있는 권리다. 폭락장에서 일종의 보험 역할을 할 수 있다. 투자자들이 미래를 불안해할수록 보험 수요가 많아지기 때문에 옵션 가격이 오른다. VIX가 오른다는 건 시장의 불안감이 높아지고 있다는 방증이다. VIX는 시장이 안정적일 때 보통 10~20선에서 움직이는데, 30을 넘으면 불확실성이 상당하다는 뜻으로 풀이된다. 코로나19 팬데믹 사태가 한창이던 2020년 3월 한때 82.69로 역대 최고치를 찍었다.

한편 미국 증시에서는 알파벳으로 된 '티커'(ticker)를 종목 코드로 쓴다. 티커 심볼(ticker symbol), 스톡 심볼(stock symbol)이라고도 한다. 기사에 괄호로 표시된 것처럼 테슬라의 티커는 TSLA, 엔비디아는 NVDA

다. 알파벳은 상장된 주식이 A주(class A), C주(class C)로 나뉘기 때문에 티커도 2개다. 의결권이 있는 A주는 GOOGL, 의결권이 없는 C주는 GOOG다. 이와 달리 한국과 일본은 숫자로 종목을 구분한다. 삼성전자의 코드 번호는 005930이다.

Keyword Expressions

- market capitalization 시가총액(market cap, market value) *mega / large / mid / small / micro cap
- blue chip stocks 우량주
- consumer discretionary 임의소비재 *consumer staples 필수소비재
- materials 소재
- pre-market trading 개장 전 시간 외 거래
- after-hours trading 폐장 후 시간 외 거래(extended-hours trading)
- end flat 보합세로 마감하다 *보합은 시세의 변동이 없거나 변동폭이 미미한 상태 (소폭 오르면 강보합, 소폭 내리면 약보합)
- offset 상쇄하다
- growth stocks 성장주 / value stocks 가치주
- defensive stocks 경기방어주 *defense stocks는 방산주 / cyclical stocks 경기 민감주
- fret 애타다, 초조해하다, 애태우다
- catalyst 촉매
- earnings 실적
- VIX 변동성지수(volatility index), 공포지수
- valuation 실적 대비 주가 수준, 그에 대한 평가
- ticker 미국 증시 종목 코드(ticker symbol, stock symbol)

핵심은 '순이익'

주식시장에서 가장 중요한 투자 지표 가운데 하나가 기업 실적이다. 실적은 해당 기업이 속한 업종의 경기 여건을 보여주는 바로미터(barometer 지표 · 기압계)이기도 하다. 뉴욕증권거래소와 나스닥에 상장된 기업들은 분기마다 실적을 발표해야 한다. 미국 증시에서 분기 실적을 발표하는 때를 '어닝시즌'(earnings season)이라고 한다. 실적은 보통 정규장 개장 직전이나 폐장 직후 발표되는데, 일정이 미리 예정돼 있으니 알아두면 좋다.

실적 보고서에 포함된 여러 항목 가운데 시장에서 가장 주목하는 건 말 그대로 '어닝'(earnings)이다. '벌다'라는 뜻의 동사 earn에서 파생된 복수형 명사로 '소득'이라는 뜻이다. 기업 실적에서는 '순이익'을 뜻한다. net income, net profit도 같은 의미다. 외신에서는 그냥 income, profit이라고 쓸 때도 많다. 미국 주식시장에서는 단순한 순이익보다 이를 주식 수로 나눈 '주당순이익'(earnings per share · EPS)을 더 중시한다. 'adjusted EPS'(조정 EPS)는 전체 실적 흐름에 큰 의미가 없는 일회성 비용을 제외한 값이다.

매출(revenue)도 EPS와 함께 챙겨야 할 중요한 수치다. revenue는 본래 정부나 기관의 수입(tax revenue 세수)을 뜻하지만, 실적에서는 매출을 의미한다. gross sales(총매출), 간단히 sales라고 쓰기도 한다. 비유적으로 매출을 'the top line', 순이익은 'the bottom line'이라고 쓸 때도 있다. 손익계산서(income statement) 맨 위에는 매출이, 맨 아랫줄에는 순이익이 기재되기 때문이다.

실적은 비교를 통해 주가에 영향을 미친다. EPS나 매출이 전보다 얼마나 늘거나 줄었는지 보다, 시장 예상치(estimates, consensus)와의 차이가 더 중요하다. 실적이 전보다 나빠져도 기대 이상이면 시장에 호재가 돼 해당 기업이나 관련 종목의 주가가 오르는 식이다. 실적이 예상치를 웃돌면 beat, 밑돌면 miss, 예상치와 같으면 match, meet, be in line with 등의 표현을 쓴다. 흔히 '어닝서프라이즈'(earnings surprise), 우리말로 '깜짝 실적'을 호재로 보는데, '어닝서프라이즈'라는 표현은 실적이 기대치보다 좋을 때나 나쁠 때 모두 쓴다. 호재일 때는 'positive earnings surprise', 악재일 때는 'negative earnings surprise'라고 구분한다. 후자는 '어닝쇼크'(earnings shock)라고도 한다.

S&P 500 companies have been reporting upbeat bottom lines for the June quarter, but not such impressive increases in their revenue.

With second-quarter reporting season nearly complete, 79% of companies have posted earnings that beat analysts' expectations, according to fresh data from Refinitiv I/B/E/S.

......

This quarter's beat rate for earnings per share is the highest since the third quarter of 2021, and it suggests an uncertain economy has hurt companies less than feared.

However, nearly 64% of companies have posted revenue that exceeded Wall Street's expectations, the lowest beat rate for that metric since the first quarter of 2020.*

——

The world's largest company by market value said on Thursday that total revenue fell 1 per cent to $81.8bn in the quarter that

---

* S&P 500 quarterly earnings have been upbeat; revenue not so much, Reuters(20230807))

ended in June, a third straight year-on-year fall but slightly ahead of forecasts at $81.7bn, according to Refinitiv.

However, net profit rose 2.3 per cent to $19.9bn, well ahead of Wall Street estimates that it would slip 3.6 per cent to $18.7bn. Earnings per share also jumped 5 per cent to $1.26, ahead of forecasts for $1.20.**

S&P500 기업들은 6월 분기에 낙관적인 순이익을 공표하고 있지만, 매출 증가세는 그렇게 인상적이지 않다.

리피니티브 I/B/E/S의 최신 자료에 따르면 2분기 어닝시즌이 거의 끝난 가운데, 79%의 기업들이 애널리스트들의 전망치를 웃도는 순익을 기록했다.
......
이번 분기 주당순이익(EPS) 상회비율은 2021년 3분기 이후 가장 높은 수준이며, 이는 불확실한 경제가 당초 우려보다 기업에 타격을 덜 입혔음을 보여준다.

** Apple profits rise as services arm surpasses 1bn users, Financial Times(20230804)

그러나 거의 64%의 기업이 월가의 예상을 뛰어넘는 매출을 기록했는데, 이는 2020년 1분기 이후 가장 낮은 상회비율이다.

———

리피니티브에 따르면, 시가총액 기준 세계 최대 기업(애플)은 목요일에 6월에 끝난 분기의 총매출이 818억 달러로 1% 감소했다고 밝혔다. 이는 전년 동기 대비 3분기 연속 감소지만, 817억 달러인 예상치는 약간 앞선 것이다.

그러나 순익은 2.3% 증가한 199억 달러로 3.6% 감소한 187억 달러일 것이라는 월가의 예상치를 훌쩍 웃돌았다. 주당순익도 5% 증가한 1.26달러로 1.20달러인 예상치를 능가했다.

year on year는 year over year와 같은 의미로 '전년 (동기) 대비'라는 뜻이다. 간단히 YoY, Y/Y라고도 쓴다. quarter over quarter, quarter on quarter, QoQ, Q/Q는 '전 분기 대비'가 된다.

'earnings recession'이라는 표현도 알아두자. '실적침체', '순이익침체'를 의미한다. profit recession이라고도 한다. recession은 경기후퇴, 경기침체를 의미하는데 통상 2분기 이상 성장률이 마이너스를 기록한 경우를 말한다. 실적침체는 순이익이 2분기 이상 연속 감소한 경우다.

- barometer 지표, 기압계
- earnings (reporting) season 어닝시즌
- earnings 순이익((net) income[profit], the bottom line)
- earnings per share(EPS) 주당순이익
- revenue 수입, 매출((gross) sales, the top line)
- income statement 손익계산서
- estimates 예상치(forecasts, expectations, consensus)
- beat (예상치를) 웃돌다, 넘어서다(beat rate 예상치 상회비율) / misss 밑돌다 / match, meet, be in line with 부합하다
- earnings surprise 어닝서프라이즈 / earnings shock 어닝쇼크
- year-on-year 전년 (동기) 대비(year over year, YoY, Y/Y) / quarter on quarter 전 분기 대비(quarter over quarter, QoQ, Q/Q)
- earnings recession 실적침체, 순이익침체(profit recession)

Bull vs Bear

'강세장'과 '약세장'

주식을 비롯한 자산 가격은 등락을 반복하기 마련이다. 호황과 불황을 거듭하는 경기순환(business cycle)처럼 시장도 돌고 도는 셈이다. 이를 시장순환(market cycle)이라고 하는데, 실제로 경기와 시장은 서로 맞물려 돌아간다.

상승 추세인 시장은 '강세장'(bull market), 하락 추세인 시장은 '약세장'(bear market)이라고 한다. bull run, bear run이라고도 한다. 황소(bull)가 강세장을 상징하게 된 것은 그 공격성에서 비롯됐다. '돌진하는 황소'(charging bull)가 월가의 상징 조형물이 된 이유다. 약세장의 곰(bear)은 겨울잠 습성에서 따왔다. bull과 bear는 형용사형인 bullish, bearish와 함께 시장 강세론자(낙관론자), 약세론자(비관론자)를 의미한다.

다만 자산시장에서는 보다 까다로운 정의로 강세장과 약세장을 구

138

분한다. 최근 저점(recent low)에서 가격이 20% 이상 오르면 강세장, 최근 고점(recent high)에서 20% 이상 내리면 약세장이라고 보는 게 일반적이다. 약세장과 구분해야 할 '조정'(correction)은 최근 고점에서 자산 가격이 10% 이상 하락한 경우다. S&P500지수 통계로 보면 강세장이 약세장보다 더 자주, 오래 지속되는 경향이 있다. 강세장이 평균 2.7년 이어진 데 비해 약세장은 10개월 미만에 그쳤다.

조정 기간은 보통 두 달을 넘지 않았다. 시장에 닥친 조정은 일시적으로 투자자들에게 타격을 줄 수 있지만, 긍정적인 효과도 있다. 고평가된(overvalued) 자산 가격을 바로 잡고, 저가매수(buy the dip)에 나설 수 있는 기회를 준다.

'랠리'(rally)도 주가 상승과 관련해 자주 쓰는 표현 가운데 하나다. 랠리는 주식을 비롯한 자산 가격이 상대적으로 짧은 기간 급격히 오르는 걸 말한다. 자산 가격이 한동안 제자리에 머물거나 하락하다가 반등(rebound)해 회복세를 띠는 경우다. 강세장 중에 발생한 랠리를 'bull market rally', 약세장에서 나타나는 랠리는 'bear market rally'라고 한다.

이밖에 '멜트업'(melt-up)은 자산 가격이 극적으로, 이례적으로 상승하는 현상이다. melt-up rally라고도 한다. 멜트업은 주로 군중심리에 따른 투기(speculation)에서 비롯된다. 보통 시장 붕괴, 이른바 '멜트다운'(meltdown)의 전조로 본다. 멜트다운은 원래 원자로의 노심이 과열로 녹는 사고를 말하지만, 금융시장에서는 붕괴, 대폭락(crash)을 뜻한다. 1929년 월가 대폭락, 1987년 블랙먼데이(Black Monday), 2001년 닷컴버블 붕괴(dot-com bubble burst), 2008년 글로벌 금융위기 등이 대표적이다.

US stocks are motoring, but investors are not ready to celebrate just yet.

This week's gains in the blue-chip S&P 500 index mean it now stands more than 20 per cent above its October 2022 low, nudging the Wall Street benchmark into the widely-used definition of a bull market.

But persistent concerns about the true health of the US economy and anxiety over the tiny number of stocks driving gains are still sapping enthusiasm among fund managers.

"While many investors believe that passing this milestone puts markets in bull territory, it remains possible that we are seeing a bear market rally — a period of strong gains that occurs in the middle of a bear market," said Solita Marcelli, chief investment officer for the Americas at UBS Global Wealth Management.

"Until markets reach a new all-time high, it's impossible to know whether the bear market trough — the ultimate low of the market cycle — is behind us. We recommend investors continue to exercise caution," she said.*

미국 주식이 강세를 보이고 있지만, 투자자들은 아직 축하할 준비가 되어 있지 않다.

우량 S&P500지수의 이번 주 상승은 지수가 2022년 10월 저점보다 20% 이상 높은 곳에 있음을 의미하며, 월가 대표지수를 널리 쓰이는 강세장의 정의로 밀어 넣었다.

하지만 미국 경제의 진짜 상태에 대한 지속적인 우려와 증시 상승을 주도하는 소수 종목에 대한 불안감이 여전히 펀드매니저들 사이의 열광을 약화시키고 있다.

솔리타 마르셀리 UBS 글로벌웰스매니지먼트 미주 담당 최고투자책임자

---

* Bull market in US stocks fails to lift investors' mood, Financial Times(20230610)

(CIO)는 "많은 투자자들이 이 이정표를 지나는 게 시장을 강세장 영역에 진입시킬 것이라고 생각하지만, 약세장 한가운데서 발생하는 강력한 상승기인 약세장 랠리를 볼 가능성이 남아 있다"고 말했다.

그는 "시장이 새로운 사상 최고치에 도달할 때까지는 시장순환주기의 궁극적인 저점인 약세장의 저점이 지났는지 여부는 알 수 없다. 우리는 투자자들에게 계속 주의하라고 권고한다"고 말했다.

약세장으로 밀렸던 S&P500지수가 2022년 10월 찍은 최근 저점에서 20% 이상 반등했지만, 사상 최고치를 경신하기 전에는 강세장 진입 여부를 확신할 수 없다는 게 이 기사의 골자다. S&P500지수의 최근 흐름이 강세장의 일반적인 정의는 충족했지만, 약세장에서 반짝 반등했다가 다시 하락하는 '약세장 랠리'에 그칠 수 있다는 얘기다. 실제로 강세장과 약세장은 산술적인 정의만으로 구분하기 어렵다. S&P500지수와 다우지수를 내는 S&P다우존스지수(S&P Dow Jones Indices)는 투자자들이 새로운 강세장을 확신할 수 있는 순간은 신고점(new all-time high)에 도달했을 때뿐이라고 본다. 그 때라야 비로소 전 저점을 약세장의 끝이자 새로운 강세장의 시작으로 볼 수 있다는 설명이다.

일례로 2008년 글로벌 금융위기로 약세장에 진입한 S&P500은 그해 11월 저점에서 20% 넘게 반등했다. 투자자들은 환호했지만, 지수는 곧 다시 고꾸라져 이듬해 3월 저점까지 28% 추락했다. S&P500은 4년 뒤인 2013년 3월에야 사상 최고치를 새로 썼다. 투자자들은 그제야 새 강세장이 4년 전에 시작됐음을 깨달았다.

시장 전문가들은 지난 흐름만 되짚는 장세 규정에 집착할 게 아니라 현재 시장의 투자심리와 향후 주가 향방에 대한 전망에 더 관심을 갖고 투자전략을 짜라고 조언한다.

Keyword Expressions

- (자산 가격이) 오르다 increase, rise, jump, pop, surge, soar, hike / 내리다 fall, lower, drop, slip, sink, plunge, tumble, plummet
- bull market 강세장 *charging bull 돌진하는 황소 / bear market 약세장
- bear market rally 약세장 랠리 *약세장에서 일어나는 일시적인 반등
- high 고점(peak) / low 저점(bottom, trough) *사상 최고(최저)치 record[all time] high(low)
- correction 조정
- overvalued 고평가된 / undervalued 저평가된
- buy the dip 저가매수(buy low, buy the pullback) / sell high 고가매도
- dip 일시적인 하락, 감소
- pullback 하락, (군대) 철수
- rebound 반등
- melt(−)up 자산가격의 극적이고 이례적인 상승/ meltdown 붕괴, 대폭락(crash)
- motor 급격히 오르다(늘어나다, 움직이다)
- blue chip 우량주
- nudge (팔꿈치로) 슬쩍 찌르다, 밀다(into)
- sap 약화시키다, 수액
- enthusiasm 열광, 열정
- milestone 이정표
- exercise caution 주의하다

공포와 탐욕

워런 버핏의 조언

"We simply attempt to be fearful when others are greedy and to be greedy only when others are fearful."

우리는 단지 다른 사람들이 욕심을 부릴 때 두려워하고 다른 사람들이 두려워할 때만 욕심을 내려 할 뿐이다.

···············

'투자의 귀재'로 불리는 워런 버핏(Warren Buffett) 버크셔해서웨이 (Berkshire Hathaway) 회장이 1986년 주주(shareholder)들에게 보낸 서한에서 한 말이다. 요약하면 '탐욕에 팔고, 공포에 사라'는 얘기다.

주식시장에 탐욕이 번지면 주가는 끓어오르기 마련이다. 주가가 거침없이 오를 땐 너나 할 것 없이 시장에 뛰어들기 쉽다. 절호의 기회를 혼자만 놓칠지 모른다는 공포, 이른바 'FOMO'(Fear Of Missing

Out 소외불안) 탓이다. 하지만 군중심리에 따른 '비이성적 과열'(irrational exuberance)은 파국을 초래할 수 있다. '경제 대통령'으로 군림했던 앨런 그린스펀(Alan Greenspan)은 Fed 의장으로 있던 1996년 12월 한 연설에서 '비이성적 과열'이라는 말로 당시 미국 증시의 거품을 견제했다. 인터넷 투자 광풍에서 비롯된 닷컴버블이 시작될 무렵이었는데, 이 거품은 2001년 붕괴하며 글로벌 금융시장을 충격으로 몰아넣었다.

탐욕은 주가를 비이성적으로 띄워 올리고, 공포는 주가를 근거 없이 떨어뜨린다. 탐욕이 장악한 시장에 잘못 뛰어들면 '상투'를 잡을 수 있고, 공포가 번진 시장에서는 절호의 기회를 놓칠 수 있다. 버핏은 대표적인 가치투자자(value investor)다. 시장가치(market value), 즉 현재 주가보다 기업 본연의 내재가치(intrinsic value)를 중시한다. 내재가치보다 싼 가격에 거래되는 종목을 골라내 장기적으로 수익을 내는 게 가치투자의 묘미다. 버핏은 공포와 탐욕 사이에서 '역발상 전략'(contrarian strategy)으로 가치투자를 성공으로 이끌었다. 주가가 고평가되기 쉬운 탐욕적인 시장은 경계하고, 공포가 장악한 시장에는 과감하게 뛰어들어 저평가된 주식을 손에 넣은 결과다.

실적 대비 주가 수준, 이른바 밸류에이션(valuation)을 가늠하는 척도는 여러 가지가 있다. 가장 흔히 쓰는 게 '주가수익비율'(price-earnings ratio · PER)이다. 'P/E (ratio)'라고도 한다. 주가를 주당순이익(earnings per share · EPS)으로 나눈 값이다. 주가가 EPS의 몇 배를 나타내는지 보여준다. '~배'로 표현하는 수치가 클수록 순이익에 비해 주가가 고평가

됐다는 뜻이다.

버핏은 미국 상장기업들의 시가총액을 미국 국내총생산(GDP)으로 나눈 값을 최선의 밸류에이션 지표로 꼽는다. 이를 '버핏지수'(Buffett Indicator)라고 한다. 버핏지수는 미국뿐 아니라 전 세계 다른 나라 증시에도 적용할 수 있다. 버핏에 따르면 지수가 70~80% 수준을 가리킬 때라야 안전한 주식 투자가 가능하다. 100%는 '위험', 140% 이상은 '극단적인 위험'을 나타낸다. 코로나19 팬데믹 사태로 풀린 막대한 경기부양자금은 주식을 비롯한 모든 자산 가격을 끌어 올렸다. 이른바 '에브리씽 버블'(Everything Bubble)이다. 에브리씽 버블이 한창이던 2021년 2월 버핏지수는 200%를 넘어 역대 최고치를 기록했다. 버핏은 지수가 200%에 도달하면 주식 투자는 '불장난'이 될 것이라고 경고한 바 있다.

노벨 경제학상 수상자인 로버트 실러(Robert Shiller) 미국 예일대 교수가 존 캠벨(John Campbell) 미국 하버드대 교수와 함께 고안한 '경기조정 주가수익비율'(cyclically adjusted price-to-earnings ratio)도 있다. 'CAPE (ratio)', 'Shiller P/E', 'P/E 10 (ratio)'라고 한다. 물가 등 경기변동 요인을 반영한 최근 10년간의 평균 PER을 나타내는 지표다. CAPE 역시 높은 수치로 증시 과열을 경고한다.

Many investors are running a sizable profit this year – the S&P 500 is about 14% higher in 2023. But market losses have been piling up over the past month, particularly on growing fears of contagion from an economic slowdown in China.

......

The CNN Business Fear & Greed Index, which looks at seven indicators of market sentiment, is showing signs of fear on Friday for the first time since March. That's a big change from just one month ago, when the index was in "extreme greed" territory.*

——

The S&P 500 has rallied almost 19% so far this year, taking its gains since the end of 2008 – the year of the global financial crisis – to more than 400%. The price-earnings ratio of the index, one of the valuation metrics tracked by investors, has climbed about 26 from last year's lows near 19, according to data from macrotrends. net.**

———————

많은 투자자들이 올해 상당한 이익을 내고 있다. S&P500지수는 올해 약

* Why stock investors are suddenly so scared, CNN(20230818)
** A long-time market bear who called the 2000 and 2008 crashes warns the S&P 500 could plummet 64%, bursting a historic bubble, Market Insider(20230725)

14% 올랐다. 그러나 지난 한 달간은 특히 중국의 경기둔화에 따른 전염에 대한 우려가 커지면서 시장 손실이 누적되고 있다.

......

시장 심리에 대한 7가지 지표를 살피는 CNN비즈니스의 공포&탐욕지수는 금요일에 지난 3월 이후 처음으로 공포 조짐을 보이고 있다. 이는 지수가 "극단적인 탐욕"에 있던 불과 한 달 전과는 큰 변화다.

———

S&P500은 올 들어 지금까지 거의 19% 올라, 글로벌 금융위기의 해인 2008년 말 이후 상승폭이 400%를 넘게 됐다. 마이크로트렌즈닷넷의 자료에 따르면 투자자들이 추적하는 밸류에이션 척도 가운데 하나인 지수의 주가수익비율(PER)은 19배에 근접했던 지난해 저점에서 약 26배로 상승했다.

CNN비즈니스가 내는 '공포&탐욕지수'(Fear & Greed Index)는 미국 증시 전반의 투자심리를 지수로 보여준다. '0'(극단적 공포 · Extreme Fear)과 '100'(극단적 탐욕 · Extreme Greed) 사이에서 움직이는데, 정크본드(junk bond) 및 안전자산(safe haven) 수요, 시장 모멘텀(상승동력), 시장 변동성 등을 근거로 매긴다. 정크본드는 대표적인 위험자산(risk asset)으로 시장의 탐욕이 클 때 수요가 늘어나고, 반대로 시장의 공포가 커지면 미국 국채 같은 안전자산에 수요가 몰린다.

Keyword Expressions

- FOMO(Fear Of Missing Out) 소외불안
- irrational exuberance 비이성적 과열
- value investor 가치투자자
- intrinsic value 내재가치
- contrarian strategy 역발상 전략
- valuation 실적 대비 주가 수준, 그에 대한 평가
- metric 척도
- price-earnings ratio(PER) 주가수익비율 *P/E (ratio)
- earnings per share(EPS) 주당순이익
- CAPE (ratio) 경기조정 주가수익비율(cyclically adjusted price-to-earnings ratio) *Shiller P/E, P/E 10 (ratio)
- run a profit 수익을 내다 / run a loss 손실을 내다
- sizable 상당한 크기의, 꽤 많은
- market sentiment 시장 심리, 시장 분위기
- contagion 전염
- junk bond 정크본드, 투자 부적격 등급 채권
- safe haven 피난처, 안전자산 / risk asset 위험자산

7

채권시장

① 채권이 뭐길래

② 채권의 敵 인플레이션

③ 채권시장의 경고

④ 신용위험과 신용스프레드

❶ 채권이 뭐 길래

'고정수익' 보장하는 차용증

채권(bond)은 정부나 기업 등이 필요한 자금을 투자자들로부터 빌릴 때 발행하는 유가증권 형태의 차용증이다. '빚'이라는 의미에서 간단히 debt라고도 한다. 중앙정부가 발행하면 국채(government[sovereign] bond), 기업이 발행하면 회사채(corporate bond)다. 국채 중에서도 미국 국채는 Treasury, 영국 국채는 Gilt, 독일 국채는 Bund라고 한다. 지방정부가 발행하는 지방채(municipal bond)도 있다. 보통 muni라고 줄여 쓴다.

채권은 만기일(maturity date)까지 연간 혹은 반기 기준으로 미리 정한 금리, 이른바 '쿠폰금리'(coupon rate)를 지급하기로 약속하고 발행한다. 채권 발행 시점에 확정되는 쿠폰금리는 발행금리, 표면금리라고도 한다. 발행가격(issue price)은 보통 액면가(face value)와 같다. 1만 원짜리 채권은 1만 원에 발행한다는 얘기다.

152

가령 만기 1년, 쿠폰금리 연 5%인 액면가 1만 원짜리 채권을 발행하면 1년 뒤 채권보유자에게 원금(principal) 1만 원과 이자(interest) 500원을 돌려줘야 한다. 채권은 이처럼 '고정수익'을 보장하기 때문에 'fixed income'이라고도 한다. 채권을 변동성이 큰 위험자산(risk asset)인 주식과 대비되는 안전자산(safe haven)으로 구분하는 이유다.

그렇다고 모든 채권이 똑같이 안전한 건 아니다. 채권의 투자 위험은 신용평가사(credit rating agency)들이 매기는 신용등급(credit rating)에 반영된다. credit는 채권을 의미하기도 한다. 신용등급이 낮고 만기가 길수록, 즉 투자 위험이 클수록 쿠폰금리도 높다. 쿠폰금리는 만기가 같은 국채의 금리를 기준으로 가산금리를 더해 결정한다. 투자 위험에 비례해 가산금리가 높아지는 셈이다.

신용도가 가장 높은 채권은 단연 정부가 지급을 보장하는 국채다. 특히 세계 1위 경제 대국인 미국의 국채는 안전자산의 대명사로 통한다. 다만 똑같은 국채라도 발행국의 경제력, 재정 여건 등에 따라 신용등급이 달라진다. 흔한 일은 아니지만 국가가 디폴트(default 채무불이행)를 선언하거나 파산(bankruptcy)하면 그 나라 국채는 순식간에 휴지조각이 될 수 있다. 회사채를 비롯한 다른 채권도 마찬가지다.

기업의 지불능력을 평가한 신용등급이 '투기등급'(speculative grade) 이하로 낮은 채권을 '정크본드'(junk bond), 즉 '쓰레기 채권'이라고 한다. '하이일드 본드'(high yield bond), 우리말로 '고수익 채권'이라고도 한다. yield는 투자수익, 보통 연간 투자수익률을 뜻한다. 정크본드는 투자

위험이 큰 만큼 높은 수익률을 보장하는 고수익 채권이다.

신용등급은 유동적이기 때문에 결국 모든 채권은 'credit risk'(신용위험)를 품고 있다. 'default risk'라고도 한다. 신용위험이 실현되면 'credit event'(신용사건)가 된다. 디폴트, 파산, 채무조정(debt restructuring) 같은 경우다. 채무조정은 애초 약속한 채무 조건을 채권자에게 불리하게 바꾸는 걸 말한다. 만기를 늘리거나 이자나 원금을 줄이는 게 대표적이다. 보통 잠잠하기만 한 채권시장에서 이례적으로 발생하는 신용사건은 시장 전체를 뒤흔들 수 있는 큰 악재다.

채권도 주식처럼 발행시장(1차 시장 · primary market)을 거쳐 유통시장(2차 시장 · secondary market)에서 거래된다. 채권이라고 꼭 만기 때까지 들고 있어야 하는 게 아니라 유통시장에서 언제든 사고팔 수 있다는 얘기다. 그래서 유통시장에서는 채권의 가격이 계속 바뀌고, 이 가격에 따라 금리도 변동한다. 이 금리를 yield(채권 수익률 또는 채권 금리)라고 한다.

주목할 건 유통시장에서 나타나는 채권 가격과 수익률(금리)의 변화는 해당 채권의 손바뀜이 일어나는 시점에 일시적으로 반영되는 것이지, 발행시점에 정한 만기와 쿠폰금리, 원금은 변하지 않는다는 점이다. 즉 채권을 만기 때까지 보유하면 애초 정해진 원리금을 챙길 수 있다.

1년간 5%의 쿠폰금리를 보장한 액면가 1만 원짜리 채권을 예로 들어보자. 만기 전에 시중금리가 올라 6%가 되면 이 채권은 매력을 잃는다. 쿠폰금리에 높아진 시중금리를 반영한 새 채권들이 발행되기 때문이다. 기존 채권을 유통시장에서 처분하려면 손해를 감수해야 한다. 유통시장에서 이 채권을 9,900원에 매입한 투자자는 만기 때 원래 이자인 500원(원금의 5%)과 원금과의 차액인 100원을 더한 총 600원의 이익을 얻게 된다. 수익률(yield)이 6%가 되는 셈이다.

반대로 시중금리가 4%로 하락했을 때 같은 채권을 1만 100원에 사들인 투자자라면, 만기 때까지 이자 500원에서 원금 손실 100원을 제외한 400원을 손에 넣는다. 이때 수익률은 4%다.

이처럼 채권 가격은 시중금리와 반대로 움직인다. 채권 가격과 수익률도 마찬가지다. 시중금리가 상승하면 채권이 보장하는 고정금리의 매력이 떨어져 채권 수요가 감소한다. 이때 채권 가격은 하락하지만, 수익률은 오른다. 반면 시중금리가 하락해 채권 수요가 늘어나면 채권 가격이 오르고 수익률은 하락한다.

The allure of owning stocks over less risky investments is at its lowest level in decades, according to one measure, despite the equity market's race upward this year.

Bonds have become coveted additions to investors' portfolios thanks to the Federal Reserve's historic pace of interest rate hikes it began last March to tame runaway inflation.

A spike in yields can put pressure on stocks, since it increases the amount companies spend to cover the interest on their debt, in turn hurting their profit.

......

Treasury bonds are generally seen as safer investments than stocks, since they're issued by the US government, which has never defaulted on its debt. Treasuries also provide a steady source of income for investors.*

───────────────

올해 주식시장의 상승세에도 불구하고, 한 척도에 따르면 덜 위험한 투자자산 대신 주식을 소유하는 매력은 수십 년 만에 최저 수준이다.

Fed가 지난 3월 고삐 풀린 인플레이션을 억제하기 위해 시작한 역사적인 금리인상 속도 덕분에 채권이 투자자들의 포트폴리오에 선망의 대상이 됐다.

수익률 급등은 기업들이 부채에 대한 이자를 감당하는 데 쓰는 비용을 늘리고, 결과적으로 기업의 이익을 해치기 때문에 주식에 압력을 가할 수 있다.

───────────────

* The case for owning stocks over bonds is crumbling, CNN(20230908)

......

미국 국채는 디폴트를 경험한 적이 없는 미국 정부가 발행하기 때문에 일반

적으로 주식보다 안전한 투자처로 여겨진다. 미국 국채는 또한 투자자들에게

안정적인 수입원을 제공한다.

예문은 인플레이션을 잡기 위한 Fed의 급격한 금리인상이 미국 국
채의 매력을 높이고 있다는 내용이다. Fed의 금리인상 불확실성이 큰
가운데 채권 수익률 상승세가 기업들의 채무 부담을 키우며 증시를
압박하자 투자자들이 안전자산인 미국 국채로 몰리고 있다는 게 CNN
의 분석이다.

- bond 채권(debt, fixed income, credit)
- government[sovereign] bond 국채 *Treasury 미국 국채, Gilt 영국 국채, Bund 독일 국채
- corporate bond 회사채
- municipal bond 지방채(muni)
- maturity date 만기일
- coupon rate 쿠폰금리(발행금리, 이표금리, 표면금리)
- face[par] value 액면가 / issue price 발행가
- principal 원금 / interest 이자
- safe haven 피난처, 안전자산 / risk asset 위험자산
- default 디폴트, 채무불이행
- bankruptcy 파산
- junk bond 정크본드, 투자 부적격 등급 채권(high yield bond)
- debt restructuring 채무조정
- primary market 발행시장 / secondary market 유통시장
- yield 투자수익(률), 채권 수익률(금리)
- investments 투자자산
- runaway 고삐 풀린
- in turn 결국, 결과적으로

고정수익 실질가치 하락의 원인

채권시장이 주식시장보다 그 규모가 더 크다고 하면 놀라는 이들이
많을 것이다. 미국증권산업금융시장협회(SIFMA)에 따르면 2022년 현재
전 세계에서 유통되고 있는 채권 발행잔액은 129.8조 달러로, 글로벌
증시 전체 시가초총액 101.2조 달러를 훌쩍 웃돈다. 천문학적인 자금
이 오가는 채권시장의 움직임이 일반인들의 눈에 잘 띄지 않는 건 소
수의 기관투자가(institutional investor)들이 시장을 독점해왔기 때문이다.
최근에는 채권에 간접 투자할 수 있는 채권형 펀드(bond fund) 상품들이
개인투자자(retail investor)를 유혹하고 있지만, 개인 투자 비중은 여전히
주식이 절대적이다. 일반인들에게 채권시장은 여전히 낯설다.

그럼에도 채권시장에 대한 기본 지식을 아는 것은 매우 중요하다.
채권시장은 주식시장보다 경기나 금리 전망에 훨씬 더 민감하게 반응

한다. 채권시장에 직접 뛰어들지 않더라도 채권 관련 지식을 기반으로 시장 흐름을 볼 줄 알면 재테크 능력을 키울 수 있다.

먼저 살펴볼 건 채권시장과 인플레이션의 관계다. 결론부터 말하면 인플레이션은 채권의 가장 큰 '적'이다. 인플레이션이 발생하면 채권 가격이 하락한다.

앞에서 다뤘듯이 인플레이션은 물가가 지속해서 오르는 현상이다. 화폐가치의 하락을 의미한다. 인플레이션이 채권시장에 악재가 되는 건 채권이 보장하는 고정수익의 실질 가치가 물가상승분만큼 쪼그라들기 때문이다. 인플레이션이 실제로 발생하거나 시장의 인플레이션 기대(기대인플레이션)가 높아지면 새로 발행되는 채권의 금리도 오르기 마련이다. 투자수요를 일으키려면 인플레이션 위험을 보상해줘야 하기 때문이다. 더욱이 인플레이션이 거세지면 중앙은행은 기준금리 인상으로 대응하는 게 보통이다. 기준금리가 인상되면 시장금리도 따라 오른다. 채권을 성공적으로 발행하려면 이에 상응하는 이자수익을 제공해야 한다. 상대적으로 금리가 낮은 기존 채권은 수요가 감소해 가격이 하락하게 된다. 채권 가격이 내리면 채권 수익률은 상승한다.

The US bond-market selloff resumed Monday, driving 10-year yields to a 16-year high, as the persistently resilient economy has investors positioning for interest rates to remain elevated even after the Federal Reserve winds up its hikes.

The selling pressure weighed on typical Treasuries as well as those that provide extra payouts to cover inflation, signaling bondholders are bracing for the risk that monetary policy will remain tight as the central bank guards against a re-acceleration in inflation.

The yield on 10-year inflation-protected Treasuries on Monday pushed over 2% for the first time since 2009, extending its ascent from year-to-date lows near 1%. Not long after, the yield on 10-year Treasuries without that protection surpassed October's peak, climbing nearly 10 basis points to as much as 4.35%, a level last seen in late 2007, before slightly paring the gain.

The policy-sensitive two-year yield also briefly pushed over 5% late in the New York trading day, leaving it shy of the 2023 peaks notched early last month and in March.*

미국 채권시장의 매도가 월요일 재개돼 10년물 수익률을 16년 만에 최고치

* Treasury Yields Hit Highest Since 2007 on Elevated Rate Fears, Bloomberg(20230821)

로 몰아붙였다. 경기 회복세가 지속되면서 투자자들은 Fed가 금리인상을 마무리한 후에도 금리가 높은 수준에 머물 것이라는 쪽으로 투자포지션을 잡고 있기 때문이다.

매도 압력은 일반적인 미국 국채뿐 아니라 인플레이션을 메우기 위해 추가 지불금을 제공하는 국채도 억눌렀다. 이는 중앙은행이 인플레이션 재가속을 경계하면서 통화정책이 긴축 기조로 유지될 위험에 채권보유자들이 대비하고 있음을 시사한다.

인플레이션을 방어해주는 10년 만기 미국 국채 수익률은 월요일에 2009년 이후 처음으로 2%를 넘어서 1%에 근접했던 연중 최저치에서 상승폭을 확대했다. 얼마 안 돼 보호받지 못하는 10년 만기 미국 국채 수익률도 10월의 최고치를 넘어 2007년 말 마지막으로 보였던 수준인 4.35%까지 거의 10bp 오른 뒤 상승폭을 소폭 축소했다.

정책에 민감한 2년 만기 수익률도 뉴욕 거래일 후반에 잠시 5%를 넘기며 지난달 초와 3월에 달성한 2023년 최고치에 근접했다.

예문에 따르면 미국 채권시장은 미국 중앙은행인 Fed가 통화긴축 기조를 유지할 것으로 전망하는 분위기다. 조만간 기준금리 인상을 중단해도 지속적인 경기회복세에 따른 인플레이션을 경계하기 때문에 기준금리가 한동안 높은 수준에서 유지될 것이라는 관측인 셈이다. 이에 대한 우려는 당연히 기존 채권의 매력을 떨어뜨려 시장에서 투매(sell-off) 바람을 일으켰다. 채권 가격이 곤두박질치면서 채권 수익률이 급등했다. 미국 채권시장에서 시장금리 지표로 삼는 10년 만기 국채 수익률(10-year treasury yield)이 2007년 말 이후 16년 만에 최고치(4.35%)를 찍었을 정도다. 상승폭이 10bp(basis point)에 달했다. 수익률이 이날 4.25%에서 4.35%까지 뛰었다는 얘기다. 1bp는 0.01%포인트, 10bp면 0.1%포인트다.

주목할 건 인플레이션에 따른 손실을 보전해주는 '물가연동국채'(Treasury inflation-protected securities · TIPS)도 매도 압력을 피하지 못했다는 점이다. TIPS는 원금을 미국 소비자물가지수(Consumer Price Index · CPI)에 연동해 지급한다. 물가가 오르는 만큼 원금이 늘어나는 인플레이션 헤지(hedge 위험회피) 투자처다. TIPS에도 매도 압력이 몰린 것은 채권시장 전반에 깔린 불안심리의 크기를 방증한다.

호경기가 이어지다 과열되면 인플레이션 위험이 커진다. 중앙은행이 기준금리 인상으로 대응하면 시중금리도 따라 상승한다. 이는 채권 가격 하락(채권 수익률 상승)으로 이어진다. 경기가 좋다고 채권시장이 웃을 수 없는 이유다. 재테크에 성공하려면 이처럼 채권시장이 보내는 경고를 예의주시해야 한다.

위험이 크면 기대수익률이 높다

채권은 만기(maturity)가 길수록 금리(수익률 yield)가 더 높다. 예금이나 대출의 금리와 다를 바 없다. 만기가 길수록 변동성, 즉 위험이 커지는 만큼 기대수익률이 높아야 하는 이치다. 실제 수치는 다르지만, 10년 만기 채권의 금리는 1년 만기 채권 금리가 10개 쌓인 것으로 이해

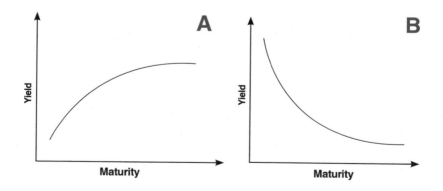

165

하면 쉽다. 마찬가지로 똑같은 10년 만기 채권이라도 만기까지 남은 기간(잔존만기)이 길수록 금리가 더 높다.

장기채권과 단기채권의 금리 차이, 즉 장기금리와 단기금리의 차이를 나타내는 게 이른바 '수익률곡선'(yield curve)이다. 채권의 만기가 길수록 금리, 즉 수익률이 높아져 수익률곡선은 [그림A]처럼 '우상향'하는 게 보통이다. 수익률곡선의 기울기는 경기 확장세가 강할수록 가팔라진다. 경기확장에 따른 고물가·고금리 환경에서는 안전자산인 채권, 특히 장기채권의 매력이 떨어지기 때문에 장기채권 금리가 더 급격히 올라서다.

한껏 가팔라졌던 수익률곡선은 경기 불확실성과 함께 점점 평평해지다가 역전되기도 한다. 채권의 만기가 길수록 오히려 금리가 더 낮아지면 수익률곡선이 [그림B]처럼 '우하향'하는 모습이 된다. 이를 '수익률곡선 역전'(yield curve inversion) 또는 '금리 역전'(rate inversion)이라고 한다.

수익률곡선 역전은 시장에서 경기침체의 전조로 통한다. 경기가 불안할 때 투자자들은 안전자산인 채권으로 몰리기 마련인데, 단기채권보다 장기채권을 선호하게 된다. 장기채권에 수요가 몰려 가격이 오르면 장기금리가 하락해 단기금리보다 더 낮아질 수 있다. 경기과열로 중앙은행이 급격한 기준금리 인상에 나설 때도 침체 우려가 불거질 수 있다. 과도한 금리인상이 경기를 위축시킬 수 있어서다. 아울러 기준금리 인상은 직접적으로 단기금리를 띄워 올리는 요인이기도 하다.

A widely watched section of the U.S. Treasury yield curve hit its deepest inversion on Monday since the high inflation era of Fed Chairman Paul Volcker, reflecting financial markets' concerns that an extended Federal Reserve rate hiking cycle will tip the United States into recession.

The closely-watched spread between the 2-year and 10-year U.S. Treasury note yields hit the widest since 1981 at -109.50 in early trade, a deeper inversion than in March during the U.S. regional banking crisis.

......

A yield curve inversion - in which shorter-dated Treasuries trade at higher yields than longer-dated securities - has been a reliable signal of upcoming recessions. The 2/10 year yield curve has inverted six to 24 months before each recession since 1955, according to a 2018 report by researchers at the San Francisco Fed, offering only one false signal in that time.

The spread between 2 and 10-year Treasuries has been inverted since last July.*

널리 주목받는 미국 국채 수익률곡선의 한 부분이 월요일에 폴 볼커 (전) Fed 의장의 고인플레이션 시대 이후 가장 큰 폭의 반전을 기록했다. 이는 Fed 의 금리인상 주기 연장이 미국을 경기침체에 빠뜨릴 것이라는 금융시장의 우려를 반영한다.

예의주시 되는 2년 만기와 10년 만기 미국 국채 수익률의 스프레드는 장 초반 −109.50으로 1981년 이후 최대를 기록했다. 이는 미국 지역은행 위기 때인 지난 3월보다 더 큰 역전이다.

……

단기 미국 국채가 장기 미국 국채보다 더 높은 수익률에 거래되는 수익률곡선 역전은 다가올 경기침체의 믿을 만한 신호였다. 샌프란시스코 연방준비은행 연구원들의 2018년 보고서에 따르면 미국 국채 2년물과 10년물의 수익률곡선은 1955년 이후 일어난 매번의 경기침체보다 6~24개월 전에 역전됐다. 같은 기간 틀린 신호는 단 한 번뿐이었다.

2년 만기와 10년 만기 미국 국채의 스프레드는 지난해 7월 이후 쭉 역전돼 있다.

---

* Spread between 2- and 10-year Treasuries at deepest inversion since '81, Reuters(20230703)

글로벌 금융시장에서 가장 주목하는 장단기 금리 지표는 미국 국채 10년물과 2년물이다. 수익률곡선이 우상향하는 건 10년물과 2년물의 금리 차이가 플러스(+)인 경우다. 금리 차이가 0이 되면 수익률곡선이 평평해진 것이고, 마이너스(-) 금리 차이는 수익률곡선의 역전을 뜻한다.

예문에 따르면 미국 국채 2년물과 10년물의 금리 차이는 2022년 7월 이후 마이너스로 꺾인 상태다. 수익률곡선이 1년 전부터 역전돼 있는 셈이다. 지난 월요일에는 금리 차이가 1981년 이후 최대인 -109.50까지 벌어졌다. 예문에서는 금리 차이를 나타내는 단위인 bp(basis point)가 생략됐다. 1bp는 0.01%포인트, -109.50bp면 -1.095%포인트다. 2년물 금리가 그만큼 더 높다는 말이다. 기사는 Fed의 금리인상 장기화가 미국 경제를 침체로 몰아넣을 수 있다는 우려에 따른 것이라고 짚었다.

미국 국채는 발행주체인 미국 재무부의 이름을 따 Treasury라고 하는데, 만기 1년 이하 단기채는 T(Treasury)-bill, 2~10년물은 T-note, 20년물과 30년물은 T-bond라고 따로 칭하기도 한다. 예문에서는 반복을 피하려고 Treasury와 Treasury note, security(증권)를 같은 의미로 썼다. 아울러 '스프레드'(spread)는 금융시장에서 두 개의 금리나 수익률, 매수·매도 가격 등의 차이를 뜻한다.

샌프란시스코 연방준비은행의 보고서 내용도 시사하는 바가 크다. 수익률곡선 역전은 통계적으로 꽤 괜찮은 경기침체 경고 신호일 수 있지만, 100% 정확하지는 않다는 사실이다. 실제로 수익률곡선 자체는 채권 투자자들의 경기 전망을 선반영할 뿐이다.

❹
신용위험과 신용스프레드

미국 국채와의 금리차

채권의 금리는 투자 위험이 클수록 높고, 그 위험은 신용등급으로 매긴다. 따라서 만기가 같고, 신용등급이 다른 두 채권 사이에는 금리 차이(spread)가 발생한다. 이를 '신용스프레드'(credit spread)라고 한다. '수익률스프레드'(yield spread), '채권스프레드'(bond spread)도 같은 말이다.

국제 금융시장에서 가장 주목하는 신용스프레드의 기준은 미국 국채다. 미국 국채는 가장 안전한 투자자산으로 꼽힌다. 세계 최대 경제 대국인 미국이 빚을 못 갚아 파산할 일은 없다고 보기 때문이다. 투자자들은 제 아무리 탄탄한 기업이 발행한 회사채도 사실상 무위험(risk-free) 자산인 미국 국채보다는 위험하다고 여겨 추가 보상을 요구한다. 이 보상이 바로 신용스프레드다. 미국 국채 금리에 덧붙는 가산금리인 셈이다. 감당해야 할 신용위험에 따라 신용스프레드도 커진다.

한 예로 10년 만기 미국 국채 금리가 4.5%, 만기가 같은 어떤 회사
채 금리가 7.5%라면 이 회사채의 신용스프레드는 300bp(3.0%포인트)다.
이 회사채 투자자에게 300bp는 가장 안전한 미국 국채보다 더 큰 위
험을 감수한 투자로 얻을 수 있는 추가 이익(yield premium)이다. 반대로
해당 기업은 자금을 조달할 때 그만큼 더 큰 비용을 치러야 한다.

If you're looking for market signals about recession risk in the
aftermath of Silicon Valley Bank's collapse, look no further than
the high-yield bond market.

The simmering banking crisis that sprang into the open this
month has raised concerns that the flow of credit from regional
banks into the economy could slow. Such a slowdown could pinch
the economy, or even help tip it into a recession.

Concerns like this tend to be most visible in the high-yield
bond market, since that's where companies with the lowest credit
ratings — and who are the most vulnerable in a recession —
borrow money.

High-yield bonds' spread over Treasuries — a measure of how much investors are being paid to lend to high-yield companies, compared to lending to the U.S. government — have shot up by an eye-popping 1.22 percentage points in the last two weeks alone.*

실리콘밸리 은행의 붕괴 여파 속에서 경기침체 위험에 대한 시장의 신호를 찾고 있다면, 하이일드본드 시장만한 곳이 없다.

이달 갑자기 시작된 폭발 직전의 은행위기는 지역은행에서 경제로의 신용 흐름이 둔화할 수 있다는 우려를 일으켰다. 이러한 둔화는 경제를 옥죄거나 심지어 침체로 기울도록 할 수도 있다.

이런 우려는 하이일드본드 시장에서 가장 뚜렷하게 나타나는 경향이 있는데, 이는 신용등급이 가장 낮고 경기침체에 가장 취약한 기업들이 돈을 빌리는 곳이기 때문이다.

투자자들이 미국 정부에 돈을 빌려줄 때와 비교해 고수익 기업에 돈을 빌려

---

* High-yield bond spreads show increasing recession jitters, Axios(20230321)

주고 얼마나 많은 돈을 받는지를 보여주는 척도인 미국 국채와 하이일드본드의 스프레드는 지난 2주 동안에만 무려 1.22%포인트 치솟았다.

신용스프레드가 중요한 건 경기 예측력 때문이다. 신용스프레드는 시간이 흐르면서 바뀌는데, 경기불황 전에는 넓어지고 호황 앞에는 좁아진다.

경기불안을 감지한 투자자들은 안전자산으로 몰리기 마련이다. 이때 미국 국채는 가격이 올라 금리가 떨어지고 회사채, 특히 미국 국채와 대척점에 있는 하이일드본드(high-yield bond)는 투매 압력에 금리가 치솟는다. 안전모드로 돌아선 투자자들이 위험에 더 큰 보상을 요구하면서 신용스프레드가 급격히 벌어지는 것이다. 하이일드본드는 투자부적격 등급 채권으로 정크본드(junk bond)라고도 한다. 투자위험이 큰 만큼 고수익(high-yield)을 기대할 수 있지만, 경기불안에 가장 먼저 타격을 받는 자산 가운데 하나다.

신용스프레드 확대는 결국 자본 흐름의 둔화를 의미한다. 신용스프레드가 벌어지면 부실한 기업일수록 자금조달이 어려워져 채무상환에 애를 먹게 된다. 디폴트(default 채무불이행) 위험이 커지는 셈이다. 신용스프레드는 디폴트 위험 척도로 '디폴트스프레드'(default spread)라고도 한다. 신용스프레드가 클수록 디폴트 가능성이 높다.

물론 신용스프레드는 좁아지기도 한다. 경기회복 기대감이 커지면 위험투자 성향이 강해져 미국 국채로 몰렸던 돈이 정크본드를 비롯한 위험자산시장으로 흘러든다. 미국 국채 금리는 오르고, 정크본드 금리는 상대적으로 떨어져 신용스프레드가 줄어든다. 자본의 흐름이 다시 원활해지는 것인데, 자본은 경제 성장의 연료 역할을 한다.

수익률곡선, 신용스프레드 같은 채권시장의 위험지표들은 주식시장 지표들보다 먼저 신호를 주는 만큼 주식 투자를 할 때 유용한 참고 자료가 된다.

Keyword Expressions

- credit spread 신용스프레드(yield[bond, default] spread, yield premium)
- risk-free 무위험, 위험이 없는
- aftermath 여파, 후유증
- look no further than 바로 ~다, ~만한 게 없다
- high yield bond 고수익채권(junk bond)
- simmering 부글부글 끓고 있는, 폭발 직전의
- spring into 갑자기(단번에) ~하다
- pinch 꼬집다, 쥐어짜다, 위축시키다
- tip 기울이다, 넘어뜨리다
- shoot up 급증(급등)하다
- eye-popping 눈이 튀어나올 정도인

8

외환시장

환율은 외화의 가격

환율은 교환비율(exchange rate)의 줄임말이다. 원·달러 환율은 원화
와 달러화라는 두 통화(currency)의 교환비율이 된다. 그렇다면 '원·달
러 환율이 상승했다(하락했다)'는 말은 무슨 뜻일까. 뉴스에서 흔히 듣지
만 외환거래 경험이 별로 없는 이들은 직관적으로 이해하기 어렵다.
저마다 다른 식으로 쓰는 환율 표기법이 머리를 더 복잡하게 만든다.
원·달러 환율만 해도 원달러, 원/달러, 달러·원, 달러원, 달러/원
등 다양한 방식으로 표기한다. 이 책에서는 '원·달러'로 통일한다.

국제 외환시장의 환율 표기 원칙은 알고 보면 오히려 간단하다.
원·달러 환율의 경우 USD−KRW, USD/KRW, USDKRW 등으로
쓴다. 두 통화의 쌍(pair)을 연결 짓는 방식만 다를 뿐 통화기호의 순서
는 똑같다. 앞에 쓰는 달러를 'base currency'(기준통화), 뒤에 쓰는 원화

는 'quote currency'(호가통화)라고 한다. 달러 가격을 원화로 나타낸다는 의미다. 호가통화는 가격통화, 상대통화(counter currency)라고도 한다.

우리말 환율은 표기부터 혼란스럽지만, 숫자를 곁들이면 그나마 이해하기 수월하다. 예를 들어 원·달러 환율이 1,100원에서 1,200원이 되면, 환율이 상승한 것이다. 여기서 환율은 원화로 나타낸 달러의 가격이다. 결국 환율은 해당국 화폐로 표시한 '외화의 가격'이라고 보면 된다.

물가상승이 화폐가치 하락을 의미하듯, 원화로 달러를 사려는데 달러의 가격이 올랐다면 원화 가치는 하락한 것이다. 결국 원·달러 환율 상승은 달러 강세, 원화 약세를 뜻한다. 반대로 원·달러 환율 하락은 달러 가치가 내리고, 원화 가치는 오른 것이다. 통화의 대외 가치가 오른 것을 평가절상(appreciation), 그 반대를 평가절하(depreciation)라고 한다.

국제 외환시장(foreign exchange market)에서는 세계 기축통화인 미국 달러의 가격이 중요한데, 다른 외국 통화와 달러의 환율도 마찬가지다. 엔·달러 환율은 엔화로 매긴 달러 가격이다. 이 책을 쓰고 있는 2023년 10월 3일 엔·달러 환율은 한때 1년 만에 심리적 저항선인 150엔 선을 돌파했다. 흔히 '엔저'라고 하는 엔화 약세 기조 탓인데, 이는 엔·달러 환율의 상승을 의미한다. 반대로 '엔고' 기조에서는 엔·달러 환율이 하락한다.

다만 유로화와 영국 파운드화 등 일부 통화는 환율을 따질 때 주의

해야 한다. 거의 모든 통화와 달러의 환율은 해당 통화로 표시한 달러의 가격이지만, 유로 · 달러와 파운드 · 달러 환율의 단위는 모두 달러다. 유로 · 달러 환율은 달러로 표시한 유로화의 가격이다. 따라서 유로 · 달러 환율의 상승은 유로 강세, 달러 약세를 의미한다. 유로와 파운드 외에 뉴질랜드달러, 호주달러도 마찬가지다. 국제 외환시장에서도 유로, 파운드, 호주달러, 뉴질랜드달러와 달러의 환율은 각각 EURUSD, GBPUSD, AUDUSD, NZDUSD 등으로 순서를 바꿔 달러를 뒤에 쓴다.

The U.S. dollar sharply weakened against the yen on Tuesday, just moments after briefly rising above 150 for the first time since October 2022, signaling a possible intervention in the currency by the Bank of Japan.

......

Japan bought yen in September 2022, its first foray into the market to protect its currency since 1998, after a Bank of Japan (BOJ) decision to maintain an ultra-loose monetary policy drove the yen as low as 145 per dollar.*

——

The dollar hit a 10-month high against a basket of major currencies on Wednesday, pushing the euro to an almost nine-month low and keeping the yen in intervention territory, as investors bet the U.S. economy will outperform its competitors in an environment of high interest rates.

Benchmark 10-year Treasury yields continued to rise on Wednesday, hitting their highest levels since October 2007 and keeping the greenback solidly bid.

......

The U.S. dollar index , which measures the greenback against a basket of other major currencies, reached 106.84, the highest level since Nov. 30.

The euro dropped to $1.04880, the lowest level since Jan. 6. Sterling reached $1.21110, the lowest level since March 17.**

미국 달러화는 2022년 10월 이후 처음으로 잠시 150엔을 넘어선 직후인 화요일 엔화에 대해 급격히 약세를 보이면서 일본은행의 통화 개입 가능성을 시

---

* Dollar sharply weakens against the yen after briefly rising above 150, Reuters(20231003)
** Dollar index climbs to 10-month high; yen, euro languish, Reuters(20230927)

사했다.

......

일본은 2022년 9월 일본은행의 초완화적인 통화정책 유지 결정으로 엔화
가 달러당 145엔까지 하락하자 엔화를 사들였다. 이는 자국 통화 보호를 위한
1998년 이후의 첫 시장 진입이다.

———

투자자들이 미국 경제가 고금리 환경에서 경쟁국들을 능가할 것이라는 데
베팅하면서 달러화는 수요일 주요 통화 바스켓 대비 10개월 만에 최고치를 기
록했다. 이로써 달러는 유로화를 약 9개월 만에 최저치로 밀어붙이고 엔화는
개입 영역에 머물게 했다.

기준물인 10년 만기 미국 국채 수익률은 수요일에도 계속 올라 2007년 10
월 이후 최고치를 기록했고, 달러는 견고한 매수호가를 유지했다.

......

다른 주요 통화 바스켓에 대한 달러의 가치를 측정하는 미국 달러지수는 11
월 30일 이후 최고치인 106.84에 도달했다.

유로화는 1월 6일 이후 가장 낮은 1.04880달러로 떨어졌다. 파운드화는 3월
17일 이후 가장 낮은 수준인 1.21110달러를 기록했다.

예문에서 보듯 외신들은 외환시장을 다룰 때 환율이 아니라 주인 공 통화나 그 가격을 주어로 쓴다. 시장에서 주목하는 달러나 엔, 유로의 가치가 얼마나 오르거나 내렸는지가 관심사다. 첫 예문은 엔화로 매긴 달러 가격이 1년 만에 150엔을 돌파한 뒤 후퇴한 상황을 다뤘다. 한동안 지속된 달러 강세, 엔화 약세 기조로 엔·달러 환율이 마침내 150엔을 돌파했지만, 시장에서 일본 중앙은행인 일본은행(Bank of Japan·BOJ)의 시장 개입 가능성이 제기되면서 상황이 반전됐다는 것이다.

환율은 시장에서 결정되는 게 원칙이지만, 이처럼 당국이 시장에 개입해 환율을 왜곡할 가능성도 암묵적으로 열려 있다. BOJ는 2022년 9월에도 엔화 약세가 지나치다는 판단에 엔화를 매입하고 달러를 매도하는 식으로 시장에 개입했다. 시중의 엔화를 줄이고 달러를 늘려 엔화 가치를 띄워 올린 것이다. 당시 Fed를 비롯한 주요국 중앙은행들은 인플레이션에 맞서 금리인상 공세로 통화정책 고삐를 죄고 있었는데, BOJ는 반대로 경기부양을 위해 돈을 푸는 정책을 고수해 엔저 압력이 거셌다. 엔·달러 환율이 150엔을 돌파할 때도 BOJ의 통화완화 기조는 흔들리지 않았다.

여기서 주의할 게 '…… after a Bank of Japan (BOJ) decision to maintain an ultra-loose monetary policy drove the yen as low as 145 per dollar.'라는 예문이다. 2022년 9월 BOJ의 통화완화정책 고수 결정에 엔·달러 환율이 145엔까지 오르면서 BOJ가 시장 개입에

나섰다는 대목이다. 엔·달러 환율은 145엔까지 치솟았지만, 엔화 가치는 떨어진 것이기 때문에 '엔화가 달러당 145엔까지 하락했다'고 표현했다.

두 번째 예문은 고금리 환경에서 돋보이는 달러 강세 행진을 전하고 있다. 금리상승은 돈값을 높이지만, 경기를 둔화시킬 수 있다. Fed의 금리인상 공세는 달러에 호재인 동시에 악재인 셈이다. 금리상승은 달러의 투자 매력을 키우지만, 과도한 금리인상에 따른 경기침체 우려는 달러 수요를 위축시킬 수 있다. 그럼에도 미국이 경쟁국들보다 더 강한 성장세를 보일 것이라는 기대가 달러 강세를 떠받치고 있다는 분석이다.

시장에서 상대적인 달러 가치를 나타내는 지표로 주목하는 게 '달러지수'(dollar index)다. 달러지수는 유로·파운드·엔·캐나다달러·스웨덴크로나·스위스프랑 등 주요 6개 통화에 대한 달러의 상대적 가치를 지수화한 것이다.

외신에서 자주 쓰는 주요 통화의 별칭도 알아두자. greenback은 달러 지폐의 색상을 딴 이름이다. 이외에 유로존 단일 통화인 single currency(유로화), sterling(파운드), swissy(스위스프랑), loonie(캐나다달러), Aussie(호주달러), Kiwi(뉴질랜드달러) 등이 있다.

- exchange rate 환율
- currency 통화
- pair 쌍
- base currency 기준통화 / quote currency 호가통화, 가격통화(counter currency 상대통화)
- appreciation 평가절상(revaluation) / depreciation 평가절하(devaluation)
- foreign exchange market 외환시장 *foreign exchange는 흔히 forex, FX라고 줄임
- intervention 개입
- foray 침략, 급습, 진출
- monetary policy 통화정책
- outperform 능가하다
- greenback 미국 달러화
- single currency 유로화
- sterling 영국 파운드화
- swissy 스위스 프랑화
- loonie 캐나다 달러화
- Aussie 호주 달러화
- Kiwi 뉴질랜드 달러화
- bid 매수호가 / ask 매도호가(offer)

❷
환율의 변수들

물가·금리·경상수지···

  국제 외환시장은 잠들지 않는다. 주 5일, 하루 24시간 돌아간다. 한국에서 보면 호주 시드니를 시작으로 일본 도쿄, 영국 런던, 미국 뉴욕 등 4대 외환시장이 차례로 문을 열고 닫으며 거래를 이어가는 식이다. 주요 시장의 거래시간이 겹칠 때 손바꿈이 가장 활발하지만, 거래량이 적은 시간대라고 방심해서는 안 된다. 시장이 한가할 때 당국의 개입, 투기세력의 공격 등 돌발변수가 발생할 수 있어서다. 더욱이 환율은 국제 금융시장을 움직이는 핵심 가격 변수다. 투자자라면 언제나 예의주시해야 할 지표인 셈인데, 환율을 결정짓는 주요 변수들부터 살펴보자.

  우선 물가다. 인플레이션은 화폐가치 하락을 의미한다. 한국의 물가상승률이 높아지면 원화 가치는 떨어진다. 원화 가치 하락으로 원화

186

의 구매력(purchasing power)이 약해지면, 원화 수요가 감소하고 원·달러 환율은 상승한다.

금리도 중요한 환율 결정 요인이다. 한국의 금리가 오르면 원화의 투자 매력이 커진다. 높은 금리를 기대할 수 있기 때문이다. 금리상승은 원화 가치 상승, 원·달러 환율 하락 요인이다.

다만 인플레이션이나 금리가 환율에 미치는 영향은 복합적이다. 인플레이션은 중앙은행의 금리인상을 부추겨 궁극적으로 화폐가치를 띄워 올릴 수 있다. 반대로 고금리 환경은 경기둔화 요인도 되기 때문에 해당국 화폐에 대한 수요를 위축시킬 수 있다.

경상수지(current account)와 환율의 관계도 중요하다. 경상수지는 외국을 상대로 상품과 서비스 등을 사고 판 실적이다. 보통 수출이 더 많으면 흑자(surplus), 수입을 더 하면 적자(deficit)다. 경상수지가 적자라면 달러 유출이 유입보다 많은 상태다. 달러 공급 감소로 그 나라 화폐가치는 떨어지고 환율은 상승한다. 경상수지 적자는 외화를 빌리거나 국내 외환보유액(foreign reserves)을 사용해 메워야 한다. 경상수지 적자는 해당 국가의 통화 가치뿐 아니라 국가 경제 전체의 건전성을 해치는 요인이다. 경상적자가 늘어날수록 외채(foreign debt) 부담이 커지고, 외환보유액은 쪼그라들기 때문이다. 보통 경상적자 규모가 연간 국내총생산(GDP)의 5%를 넘으면 해당 국가의 통화 가치가 급락해 외환위기(currency crisis)가 일어날 수 있다고 본다. 경상적자는 특히 경제 규모가 작은 신흥국의 외환위기를 예측할 수 있는 지표로 통한다.

The Turkish lira slipped to a fresh record low against the US dollar today (May 30), in reaction to the re-election of the country's president Recep Tayyip Erdogan on Sunday (May 28).

The country's currency fell to 20.4 per dollar, losing more than 8% this year so far. The lira has shed 90% of its value over the past decade.

In part, the slide in the lira's value reflects a deficit of confidence on the part of foreign investors, as far as Erdogan's handling of the Turkish economy goes. Erdogan's methods thus far have included heavy handed state intervention in the market, amid ultra-low interest rates and very high inflation.

......

Earlier this month, the foreign currency reserves held by Turkey's central bank ran into negative territory for the first time since 2002, sinking to -$151.3 million as of May 19, according to the official data.

Analysts believe the depletion in forex reserves was due to futile efforts by authorities to stabilize the falling lira.

......

But as its coffers run lower and lower, resorting to this tactic to boost the lira becomes more and more difficult.*

레제프 타이이프 에르도안 튀르키예 대통령의 일요일(5월 28일) 재선에 대한 반응으로 튀르키예 리라화가 오늘(5월 30일) 미국 달러 대비 사상 최저치로 떨어졌다.

리라화는 달러당 20.4리라로, 올 들어 8% 넘게 하락했다. 지난 10년간 제값의 90%를 떨어뜨린 셈이다.

부분적으로 리라화 가치의 하락은 튀르키예 경제에 대한 에르도안의 대처에 관한 외국인 투자자들의 신뢰 부족을 반영한다. 에르도안이 이제껏 쓴 수단은 초저금리와 매우 높은 인플레이션 속에서 강압적이지만 어설픈 국가의 시장 개입을 포함해왔다.

......

공식 자료에 따르면 이달 초 튀르키예 중앙은행이 보유한 외환보유액은

---

* The Turkish lira sank to a record low after Erdogan's election win, Quartz(20230530)

189

2002년 이후 처음으로 마이너스 영역에 도달해 5월 19일 현재 −1억 5,130만 달러로 내려앉았다.

애널리스트들은 외환보유고의 급감은 추락하는 리라화를 안정시키기 위한 당국의 헛된 노력 때문이라고 생각한다.

……

하지만 튀르키예 중앙은행의 재원이 계속 줄면서 리라화를 끌어올리기 위해 이 전술에 의지하는 것이 점점 더 어려워지고 있다.

튀르키예 경제를 둘러싼 우려는 어제오늘의 일이 아니다. 에르도안 정권이 장기집권을 위해 성장지상주의를 추구하면서 중앙은행의 발목을 잡은 탓이 크다는 전문가들의 중론이다. 정치적 독립성을 잃은 이 나라 중앙은행은 리라화 가치 급락과 함께 물가상승률이 치솟고, 경상적자와 재정적자(fiscal deficit), 이른바 '쌍둥이 적자'(twin deficit)가 눈덩이처럼 불어나는데도 한동안 금리인상에 나서지 않았다. 에르도안 대통령은 리라화 폭락사태를 미국 등에 의한 '경제전쟁' 탓으로 돌리고, '고금리는 부자들의 배만 불린다'며 금리인상을 모든 악의 근원으로 규정했다.

에르도안 대통령의 재선 소식에 리라·달러 환율이 사상 최고(리라화 가치 사상 최저)를 찍은 것은 예문의 지적대로 외국인 투자자들의 불신을 드러낸다. 에르도안의 재집권으로 무능한 경제정책이 이어질 것이라는 관측에 외국인들이 등을 돌리고 있다는 얘기다. 특히 터키 중앙은행은 금리인상 대신 보유외환을 풀어 리라화를 사들이는 식으로 리라화 가치를 떠받쳐 왔는데, 외환보유액이 바닥나다 못해 마이너스가 되면서 이조차 기대하기 어려워졌다는 것이다. 다만 튀르키예 중앙은행은 2023년 6월 2021년 이후 2년여 만에 다시 기준금리 인상에 나섰다.

Keyword Expressions

- purchasing power 구매력
- current account 경상수지(current account balance, balance of current account)
- surplus 흑자
- deficit 적자
- foreign reserves 외환보유액(foreign exchange[currency] reserves[holdings])
- foreign debt 외채
- currency crisis 외환위기(foreign currency[exchange] crisis)
- shed 흘리다, 떨어뜨리다, 벗다
- on the part of ~의, ~에 의한
- as far as ~ go ~에 관한
- heavy handed 강압적인, 어설픈
- run into 맞닥뜨리다
- depletion 격감, 고갈
- futile 헛된
- resort to ~에 의지하다
- coffer 금고, 재원

한쪽이 오르면 한쪽은 내린다

환율은 상대적인 가치다. 두 개의 통화 중 한쪽의 환율이 오르면, 다른 한쪽의 환율은 내린다. 우리나라에 유리한 환율이 상대국에는 불리하게 작용하는 셈이다. 환율을 둘러싼 갈등이 한창 격해지던 2010년 귀도 만테가(Guido Mantega) 당시 브라질 재무장관이 '환율전쟁'(currency war)에 대한 우려를 표명했다. 주요국 관리 가운데 '환율전쟁'을 공식적으로 입에 올린 건 그가 처음이었다.

An "international currency war" is underway, Brazil's finance minister, Guido Mantega, has warned.

His comments follow a series of interventions by governments to weaken their currencies and boost export competitiveness.

Japan, South Korea, and Taiwan are among those that have recently tried to cut the value of their currencies.

In a speech in Sao Paulo, Mr Mantega said the competitive devaluations were effectively a new trade war.

"We're in the midst of an international currency war," he told a meeting of industrial leaders. "This threatens us because it takes away our competitiveness."

"The advanced countries are seeking to devalue their currencies."*

브라질의 귀도 만테가 재무장관은 '국제 통화전쟁'이 진행 중이라고 경고 했다.

---

* Currency 'war' warning from Brazil's finance minister, BBC(20100928)

그의 발언은 자국 통화를 약화시키고 수출 경쟁력을 높이기 위한 각국 정부의 일련의 개입에 따른 것이다.

최근 자국 통화의 가치를 깎아내리려고 노력하고 있는 나라들 가운데 일본, 한국, 그리고 대만이 있다.

만테가 장관은 상파울루 연설에서 경쟁적 평가절하는 사실상 새로운 무역전쟁이라고 말했다.

그는 산업계 리더들이 모인 자리에서 "우리는 국제 환율전쟁의 한 가운데에 있다"며 "이는 우리의 경쟁력을 빼앗기 때문에 우리를 위협한다"고 말했다.

"선진국들이 그들의 통화를 평가절하하려 한다"

만테가는 특히 미국의 통화정책을 달러 약세 유도 정책이라며 문제 삼았다. 당시 Fed는 제로금리 기조 아래 국채 등을 매입하는 양적완화로 천문학적인 돈을 풀고 있었다. 글로벌 금융위기에 맞선 경기부양 조치였지만, Fed의 돈 풀기는 결과적으로 달러 가치를 약세로 몰아붙였다. 이 바람에 신흥시장에서는 통화 가치가 급등하며 환율이 곤두박질쳤다. 미국 투자은행 골드만삭스(Goldman Sachs)는 당시 브라질 헤

원화를 세계에서 가장 고평가된(overvalued) 주요 통화로 꼽았다.

만테가가 이 상황에 반기를 든 건 환율이 수출입을 통해 실물경제에 막대한 영향을 미치기 때문이다. 예문대로 정부가 시장 개입을 통해 자국 통화 가치를 낮추면(환율 상승) 수출 경쟁력이 높아진다. 예를 들어 원·달러 환율이 1,000원에서 1,100원으로 오르면, 1,000원짜리 제품의 달러 가격은 1달러에서 0.9달러가 된다. 해외시장에서 더 싸게 팔 수 있는 만큼 수출경쟁력이 높아진 셈이다. 반면 1달러짜리 제품의 국내 가격은 1,000원에서 1,100원이 된다. 수출기업이 해외에서 경쟁력을 높이는 사이 내수기업도 국내에서 수입품과 겨룰 여지가 커진다. 결국 원화 가치가 떨어지면 수출은 늘고 수입은 줄어든다. 반대로 원화 가치가 오르면 수입품 가격이 떨어져 수입은 증가하고 수출은 감소한다.

한 나라가 일방적으로 자국 화폐가치를 낮추면 상대국은 피해를 봐야 한다. 일방적인 평가절하(devaluation)를 '이웃을 거지로 만드는 정책'(beggar-thy-neighbor policy)이라고 비판하는 이유다. 서로 피해를 보지 않겠다며 평가절하 경쟁에 나서는 게 바로 환율전쟁이다. 만테가는 이를 새로운 무역전쟁이라고 했다. 과거에는 관세(tariff)나 보조금(subsidy) 등 무역장벽(trade barrier)을 동원한 보호무역정책으로 교역에서 우위를 점하려 했지만, 이제는 환율을 무기 삼아 무역전쟁을 벌이고 있다는 얘기다.

환율전쟁이나 무역전쟁은 보복의 악순환을 일으키기 때문에 승자가 없는 게임이라는 게 역사의 증언이다. 더욱이 화폐가치 절하는 수출품 가격을 낮추지만, 수입품 가격을 높여 국내 물가상승 요인이 되기도 한다. 원유처럼 수입에 의존하는 원자재나 중간재 가격이 오르면 이를 재료로 쓰는 수출품도 가격인상을 피할 수 없다. 또한 화폐가치가 과도하게 떨어지거나 환율 변동성이 급격히 커지면 외국인의 투자를 끌어 모으기 어렵고, 이미 들어왔던 외국인 자본도 빠져나가기 쉽다.

Keyword Expressions

- currency war 환율전쟁
- devaluation 평가절하(depreciation / appreciation 평가절상(revaluation)
- overvalued 고평가된
- beggar-thy-neighbor policy 근린궁핍화정책
- tariff 관세
- subsidy 보조금
- trade barrier 무역장벽

④ 캐리 트레이드

와타나베 부인의 투자

국제 외환시장에서 자주 쓰는 투자기법으로 '캐리 트레이드'(carry trade)라는 게 있다. 금리가 낮은 나라에서 돈을 빌려 금리가 높은 나라 자산에 투자해 차익을 챙기는 투자전략이다. 금리가 낮은 나라에서 빌린 돈을 금리가 높은 나라의 통화로 바꾼 뒤 그 나라 채권에 투자하는 게 가장 일반적이다. 물론 주식, 상품(원자재), 부동산 등 해당 통화로 표시된 다른 자산에도 투자할 수 있다.

헤지펀드(hedge fund)들의 전유물이었던 캐리 트레이드는 일본이 1990년대 초 거품 붕괴로 장기침체에 빠지면서 성행하기 시작했다. 일본은행(BOJ)이 경기부양을 위해 기준금리를 급격히 낮춘 게 기폭제가 됐다. 일본의 기준금리는 1990년대 초 6%에서 1990년대 말 0%로 떨어졌고, 2016년부터는 줄곧(2023년 11월 현재) −0.10%로 유지되고 있다.

　캐리 트레이드에서 저금리로 빌리는 통화를 '조달통화'(funding currency)라고 한다. 엔화를 조달통화로 삼아 미국 달러(target currency 표적통화) 자산 등에 투자하면 '엔 캐리 트레이드'가 된다. 엔 캐리 트레이드의 주역을 흔히 '와타나베 부인'(Mrs. Watanabe)이라고 한다. 우리말로 '김여사'쯤 된다. 와타나베 부인은 일본 주부들이 가계저축으로 해외 투자에 뛰어든 데서 비롯됐다. 외신에서는 '일본 주부들'(Japanese housewives)이라고 풀어쓸 때도 많다. 와타나베 부인은 일본 개인투자자를 통칭하기도 한다. 와타나베 부인처럼 달러 캐리 트레이드의 주역은 '스미스 부인'(Mrs. Smith), 유로 캐리 트레이드 투자자는 '소피아 부인'(Mrs. Sophia)이라고 한다.

　캐리 트레이드는 글로벌 금융위기 이후에도 한동안 인기를 끌었다. 미국과 유럽 중앙은행들이 잇따라 초저금리 기조 아래 이른바 '싼 돈'(easy money)을 풀어내자, 글로벌 투자자들은 선진국에서 저금리 자금을 빌려 금리가 상대적으로 높은 신흥시장에 투자했다.

　Global carry traders are facing a growing sense of anxiety toward anything that threatens to derail one of 2023's hottest investments.

　From the risk of a hawkish Bank of Japan policy shift that may revalue popular funding currency the yen, to a signal in bond markets that the Federal Reserve will hike the US economy into recession, concern is growing among investors that the beneficial low-volatility FX environment may be on its last legs. A return of large swings is often fatal to the strategy of borrowing where interest rates are low and investing in higher-yield, often emerging market currencies.

......

Mahjabeen Zaman, head of FX research at ANZ, is worried about a slowdown in economic activity impinging on dollar-yen. That could occur if easier monetary policy returns to the US, bringing down the gap between US and Japanese interest rates which so heavily weighed on the yen this cycle.

"The long USD/JPY, one of the most prominent carry trades, could see substantial unwinding once rate differentials are no longer the focus," she said in an interview this month.*

---

* Carry Traders Fret That Good Times May Be Closer to an End, Bloomberg(20230714)

글로벌 캐리 트레이더들이 2023년 가장 인기 있는 투자 중 하나를 탈선시킬 위험이 있는 것들에 대해 점점 더 커지는 불안감에 직면해 있다.

인기 있는 조달통화인 엔화를 재평가할 수 있는 일본은행의 매파적인 정책 전환 위험부터 Fed가 미국 경제를 침체로 몰아넣을 것이라는 채권시장의 신호에 이르기까지, 투자자들 사이에서는 변동성이 낮은 이로운 외환시장 환경이 최후의 고비를 맞을 수 있다는 우려가 커지고 있다. 큰 변동성의 복귀는 금리가 낮은 곳에서 차입해 고수익, 보통 신흥시장 통화에 투자하는 전략에 치명적이다.

......

ANZ의 외환 리서치 책임자인 마흐자빈 자만은 엔·달러 환율에 악영향을 미치는 경제활동 둔화를 우려한다. 이는 미국의 통화정책이 다시 더 완화적으로 바뀌어 이번 주기에 엔화에 큰 부담을 준 미국과 일본의 금리차를 낮추면서 일어날 수 있다.

그녀는 이달 인터뷰에서 "금리차가 더 이상 초점이 되지 않으면 가장 중요한 캐리 트레이드 중 하나인 엔·달러 롱포지션에 대규모 청산이 일어날 수 있다"고 말했다.

코로나19 팬데믹 사태 이후 경기회복 과정에서는 엔화의 조달통화 매력이 다시 부각됐다. 미국과 유럽이 인플레이션에 맞서 금리인상 공세를 펴는 동안 일본이 저금리 기조를 고수하면서 저금리로 빌린 엔화를 팔아 달러를 사는 전략이 인기를 끌었다. 예문 말미에 나온 'long USD/JPY', 즉 엔·달러 롱포지션(long position)이다. 롱포지션은 가격이 오를 것으로 기대되는 자산을 매수해 보유하는 것을 말한다. 반대로 매도하는 것은 숏(short)이라고 한다.

예문에 따르면 한동안 성행하던 엔·달러 롱포지션은 BOJ의 매파적인 정책 전환 조짐, Fed의 금리인상 공세에 따른 미국 경제의 침체 위험 탓에 위기에 직면했다. BOJ는 금리를 인상하고, Fed는 금리를 다시 낮출 가능성이 제기된 셈이다. 이 결과로 두 나라의 금리차가 좁아지면 캐리 트레이드의 기대 수익이 낮아진다.

전문가들은 캐리 트레이드를 증기롤러 앞에 놓인 돈을 줍는 것에 비유한다. 민첩하기만 하면 쉽게 돈을 챙길 수 있지만, 머뭇거리면 돈은 고사하고 롤러에 깔려 낭패를 볼 수 있다는 경고다. 실제로 캐리 트레이드는 두 나라의 확연한 금리차를 이용한 투자전략이기 때문에 수익을 기대하기 쉽다. 하지만 위험도 만만치 않다. 무엇보다 돈을 빌리는 나라는 물론 투자할 나라의 통화정책 변화를 예의주시해야 한다. 아울러 금리가 높은 나라, 특히 신흥국들은 경제의 기초체력이 취약하거나 인플레이션이 심한 경우가 많다. 궁극적으로 화폐가치가 떨어질 공산이 크다는 얘기다.

Keyword Expressions

- funding currency 조달통화 / target currency 표적통화
- easy money 싼 돈, 저금리 부양자금(cheap money)
- derail 탈선시키다
- hawkish 매파적인, 강경한, 통화긴축을 지지하는(hawk 매파) / dovish 온건한, 통화완화를 지지하는(dove 비둘기파)
- hike 끌어올리다, 무리하게 움직이다
- last leg 마지막 구간, 마지막 고비
- impinge up(on) ~에 (나쁜) 영향을 주다
- differential 차이, 격차
- unwind 풀다, 청산하다

9

C H A P T E R

상품시장

상품과 선물 · 옵션

파생상품으로 거래하는 원자재

상품(commodity)은 쉬운 말로 원자재(raw material)다. 일상에서 쓰는 모든 재화와 서비스를 만드는 데 꼭 필요한 기본 재료다. 그만큼 종류도 다양하다. 원유(crude oil), 천연가스(natural gas) 같은 에너지가 있는가 하면, 구리(copper)나 알루미늄 등 비금속(base metal)과 금, 은 같은 귀금속(precious metal)도 상품시장에서 거래된다. 에너지와 금속 등 땅에서 추출하는 것을 'hard commodity'라고 한다. 쌀(rice)이나 밀(wheat), 옥수수(corn), 대두(soybean), 돈육(lean hog), 비육우(feeder cattle)처럼 사람이 키워내는 농축산물은 'soft commodity'라고 한다. 상품시장에서는 심지어 생돈(live hog)과 생우(live cattle)처럼 살아 있는 가축도 거래된다.

상품시장에서는 이런 원자재들을 금융자산으로 삼아 특화된 거래소를 통해 사고판다. 주요 상품 거래소로는 미국 CME그룹 산하에 시카고상업거래소(Chicago Mercantile Exchange · CME), 시카고상품거래소(Chicago Board of Trade · CBOT), 뉴욕상업거래소(New York Mercantile Exchange · NYMEX), 뉴욕상품거래소(Commodity Exchange · COMEX)가 있다. 영국 런던금속거래소(London Metals Exchange · LME), 대륙간거래소(Intercontinental Exchange · ICE)도 시장에서 주목받는다.

상품 가격을 결정하는 가장 중요한 변수는 수요와 공급이다. 주식 등 다른 금융자산들과 다를 바 없다. 수요가 늘거나 공급이 줄면 가격이 오르고, 수요가 감소하거나 공급이 증가하면 가격이 떨어지는 식이다. 다만 상품은 다른 금융자산과 똑같은 변수로 인해 가격이 한 방향으로 움직이는 일이 드물다. 상관성이 크지 않다는 말이다. 그래서 상품은 다른 전통 자산들에 더해 투자 포트폴리오를 다변화할 수 있는 투자처로 꼽힌다. 상품은 특히 인플레이션 위험에 대비할 수 있는 투자처로 유용하다. 주식이나 채권시장 등에 악재가 되기 쉬운 인플레이션 압력은 상품시장에서 거래되는 주요 원자재들의 가격부터 띄워 올린다. 원자재 가격이 먼저 뛰기 시작한 뒤 최종 재화와 서비스 가격이 따라 오르는 게 보통이다.

상품시장을 이해하려면 선물(futures)과 옵션(option)이라는 파생상품(derivatives)부터 알아야 한다. 상품시장에서는 실물로 직접 거래하기 어려운 다양한 원자재를 파생상품으로 거래한다.

먼저 선물거래(futures trading)는 특정 자산을 장래 특정시점(delivery date · 인도일)에 미리 정한 가격으로 사거나 팔기로 맺은 계약에 따라 이뤄진다. 선물거래의 기본 기능은 미래의 불확실성, 즉 가격 변동 위험을 피하는 것이다. 상품 가격은 보통 선물가격(futures price)을 의미한다.

예를 들어 쌀 20kg을 6개월 뒤 5만원에 사는 선물계약을 맺었다고 가정해 보자. 6개월 뒤 실제 가격이 5만 1,000원이 되면 1,000원의 이익을 보지만, 4만 9,000원이면 1,000원의 손실을 봐야 한다. 상품시장 트레이더들은 선물거래로 특정 상품 가격이 앞으로 오를 것 같으면 '롱포지션'(long position)을, 가격 하락이 예상되면 '숏포지션'(short position)을 취하는 방식으로 수익을 추구한다. 롱포지션은 선물을 사서(매수) 보유하게(long) 된 상태이고, 숏포지션은 선물을 팔아(매도) 부족하게 (short) 된 상태다.

선물가격에는 다양한 변수가 영향을 미치지만, 기준은 현물가격(spot price)이다. 현물가격은 현금으로 당장 사거나 팔 수 있는 가격이다. cash price라고도 한다.

상품시장에서는 옵션거래도 활발하다. 옵션은 특정 자산을 미리 정한 가격에 사거나 팔 수 있는 '권리'를 말한다. 살 수 있는 권리를 '콜옵션'(call option), 팔 수 있는 권리를 '풋옵션'(put option)이라고 한다. 콜옵션은 가격 상승 기대감이 클 때, 풋옵션은 가격 하락이 예상될 때 거래가 활발하다. 콜옵션은 bullish option, 풋옵션은 bearish option이라고도 한다. 선물거래는 서로 맺은 약속이기 때문에 반드시 지켜야 하지만, 옵션은 말 그대로 '선택권'일 뿐이다.

같은 예로 쌀 20kg을 6개월 뒤 5만원에 살 수 있는 권리가 있다면,

이는 콜옵션이다. 이때 6개월은 옵션의 만기(expiration date)이고, 5만 원은 옵션의 행사가격(strike price)이다. 6개월 뒤 실제 현물가격이 5만 1,000원이 되면 콜옵션 보유자는 옵션을 행사해 1,000원의 이득을 볼 수 있다. 6개월 뒤 쌀값이 더 오르면 이익도 늘어난다. 반면 6개월 뒤 쌀값이 5만원을 밑돌면 옵션을 포기하면 그만이다. 옵션을 살 때 든 비용 이외의 손실은 막을 수 있는 셈이다. 이처럼 옵션은 일종의 보험 역할을 한다. 옵션 가격을 옵션 프리미엄(option premium)이라고 하는데, 프리미엄은 보험계약에서 보험료를 뜻한다.

이밖에 상품시장에서는 선도거래(forward trading)도 이뤄진다. 선도거래는 선물거래와 비슷하지만, 거래소 밖 개인 사이의 거래라는 차이가 있다. 그만큼 리스크가 크다. 논에서 자라고 있는 벼를 미리 사고 파는 '입도선매'가 대표적이다.

개인투자자들이 직접 상품시장, 특히 선물이나 옵션시장에 뛰어드는 건 쉬운 일이 아니다. 특정 상품을 보유 자산으로 삼은 상장지수펀드(Exchange Traded Fund · ETF)나 에너지업체 또는 광산업체 등 원자재 관련 기업의 주식, 특정 원자재 업종에 집중하는 뮤추얼펀드(mutual fund) 등을 우회 투자처로 삼으면 주식처럼 쉽게 상품에 투자할 수 있다.

Prices of commodities like crude oil and iron ore have been sliding this year, underlining a continuing economic rout across the globe and possible recession risks, market watchers told

CNBC.

Global commodities have seen a more than 25% slump over the last 12 months as reflected by the S&P GSCI Commodities index — a benchmark measuring the wider performance of various commodity markets.

Out of the different baskets of commodities, industrial metals have slid 3.79% during that period (up to June 30), while energy commodities like oil and gas have slipped 23%. Conversely, agricultural commodities such as grain, wheat, and sugar have gained roughly 11%.

But the overall slide for the index is likely pointing to a global economic slowdown and a recession, analysts say, as China's Covid-19 rebound loses momentum.*

시장 분석가들은 원유와 철광석과 같은 상품 가격이 올해 들어 하락하면서

---

* A global commodities rout is fueling fears of a bleak economic future, CNBC(20230705)

전 세계적으로 계속되고 있는 경제 혼란과 경기침체 가능성을 분명히 보여주고 있다고 CNBC에 말했다.

여러 상품시장의 광범위한 성과를 측정하는 벤치마크인 S&P GSCI 상품지수에 반영된 글로벌 상품(가격)은 지난 12개월 동안 25% 이상의 급락세를 보였다.

서로 다른 상품군들 가운데 산업용 금속은 이 기간(6월 30일까지) 3.79%, 석유 · 가스 등 에너지 상품은 23% 하락했다. 반면 곡물 · 밀 · 설탕 등 농산물은 11%가량 상승했다.

그러나 애널리스트들은 중국의 코로나19 반등이 탄력을 잃으면서 이 지수의 전반적인 하락이 세계 경제의 둔화와 경기침체를 가리키고 있는지 모른다고 지적한다.

예문에서 보듯 상품시장은 경기 선행지표(leading indicator) 역할도 한다. 경기 전망이 나쁘면 경제활동, 특히 기업의 생산활동이 위축돼 원자재 수요가 줄어든다. 반대로 경기에 대한 기대감이 커지면 공장이 먼저 돌기 시작하면서 원자재 가격이 오른다.

Keyword Expressions

- commodity 상품(raw material 원자재)
- crude oil 원유
- base metal 비금속 / precious metal 귀금속
- lean hog 돈육
- feeder cattle 비육우
- futures 선물
- derivatives 파생상품
- delivery date 인도일
- spot price 현물가격(cash price)
- call option 살 수 있는 권리(bullish option)
- put option 팔 수 있는 권리(bearish option)
- expiration date 만기일
- strike price (옵션) 행사가격
- option premium 옵션 가격
- forward trading 선도거래
- iron ore 철광석

세계 3대 유종과 가격변수

원유(crude oil)는 가공하지 않은 천연 그대로의 석유(petroleum)다. 가장 기본적인 에너지원으로 세계에서 가장 중요한 상품으로 꼽는다. 원유를 정제해(refine) 휘발유(gasoline), 경유(diesel), 액화석유가스(liquefied petroleum gas · LPG)를 비롯한 연료와 다양한 석유화학제품의 원료를 만든다.

원유도 다른 상품들처럼 현물(spot)과 선물(futures) 계약을 통해 거래한다. 국제 금융시장에서는 선물가격을 기준으로 삼는다. 중앙은행들과 국제통화기금(International Monetary Fund · IMF) 같은 국제금융기구도 원유 선물가격을 척도로 삼아 관련 정책을 운용한다.

원유는 세계 곳곳에서 추출되지만, 시장에서 주목하는 유종은 따로 있다. 북해산 브렌트유(North Sea Brent Crude), 서부텍사스산원유(West

211

Texas Intermediate · WTI), 두바이유(Dubai Crude)를 세계 3대 유종으로 꼽는다. 이 중에서도 국제 원유시장의 벤치마크는 단연 브렌트유다. 전 세계 원유 계약의 약 80%가 대륙간거래소(Intercontinental Exchange · ICE)의 브렌트유 가격으로 체결된다. 브렌트유는 유럽, 아프리카, 중동에 이르기까지 수요 · 공급범위가 가장 넓다. ICE는 2023년 6월부터 브렌트유 가격에 WTI 가격도 반영하기 시작했다.

미국 뉴욕상업거래소(New York Mercantile Exchange · NYMEX)에서 거래되는 WTI는 대부분 북미지역에서 소화한다. 북미지역, 특히 미국 내 유가의 기준이 WTI인 셈이다. 그래서 WTI 가격은 미국 경제 흐름의 영향을 많이 받는다.

두바이유는 두바이뿐 아니라 오만, 아부다비 등지에서 생산하는 원유를 포괄한다. 중동산 원유를 주로 쓰는 아시아시장의 원유 가격 벤치마크다. 이외에도 여러 다른 유종들이 있지만, 가격은 대개 생산지에 따라 3대 유종에 연동된다.

Global benchmark Brent crude oil fell below $90 a barrel on Thursday in volatile trade, halting a near two-week rally, on multiple signals warning of weaker demand in the coming months.

Brent crude futures settled 68 cents, or 0.8%, lower at $89.92 a barrel, after trading between $89.46 and $90.89.

U.S. West Texas Intermediate crude (WTI) futures finished down 67 cents, or 0.8%, at $86.67 a barrel, after trading between $86.39 and $87.74.

Thursday's fall came after nine straight sessions of gains in WTI and seven straight gains in Brent.

Prices had also spiked earlier in the week after Saudi Arabia and Russia, the world's top two oil exporters, extended voluntary supply cuts to the year-end. These were on top of the April cuts agreed by several OPEC+ producers running to the end of 2024.

"Crude futures are feeling some corrective pressure from a new high in the U.S. Dollar Index as well as more weakening economic numbers from the euro zone, where economic activity grew by 0.1% vs the 0.3% expected," said Dennis Kissler, senior vice president of trading at BOK Financial.*

---

* Brent falls below $90 per barrel, pausing rally, on weaker demand outlook. Reuters(20230908)

글로벌 벤치마크인 브렌트유가 목요일 향후 몇 달간 수요가 약해질 것임을 경고하는 여러 신호로 변동성이 큰 거래 속에 배럴당 90달러 아래로 떨어지며 거의 2주간의 랠리를 중단했다.

브렌트유 선물은 89.46~90.89달러 사이에서 거래된 후 68센트, 0.8% 하락한 배럴당 89.92달러를 기록했다.

미국 서부 텍사스산원유(WTI) 선물은 86.39~87.74달러 사이에서 거래된 뒤 67센트, 0.8% 하락한 배럴당 86.67달러에 거래를 마쳤다.

WTI는 9거래일 연속, 브렌트유는 7거래일 연속 상승한 뒤 하락한 것이다.

국제유가는 세계 양대 석유 수출국인 사우디아라비아와 러시아가 자발적인 공급 감축을 연말까지 연장한 뒤인 이번 주 초 급등했다. 이번 조치는 몇몇 OPEC+ 생산국들이 지난 4월 합의한 내년 말까지의 감산에 더해진 것이다.

데니스 키슬러 BOK파이낸셜 트레이딩 담당 선임 부사장은 "원유 선물은 미국 달러지수의 신고점과 경제활동이 예상했던 0.3%에 비해 0.1% 성장에 그친 유로존의 경제지표 약화로 일부 조정 압력을 받고 있다"고 말했다.

원유를 비롯한 주요 상품은 국제시장에서 달러로 가격을 매긴다. 상품에 따라 단위크기나 단위중량이 다를 뿐이다. 원유의 단위는 배럴(barrel · bbl)이다. 약 159ℓ짜리 드럼통을 생각하면 된다.

선물계약에는 만기일(expiration date)이 정해져 있다. 미리 정한 가격에 현물을 사거나 팔기로 약속한 날, 즉 현물 인도일(delivery date)이다. 만기일에는 계약 조건에 따라 실제로 현물을 주고받을 수도 있고, 선물가격과 만기일의 현물가격 차이만 정산할 수도 있다. 어찌됐든 선물계약은 만기가 가까울수록 활발하다. 보통 '근월물'(front-month contract)을 선물가격의 기준으로 삼는 이유다. 근월물은 대개 다음달이어서 '익월물'이라고도 한다.

국제유가를 움직이는 변수는 여러 가지다. 수요와 공급이 기본이다. 특히 공급과 관련해 요 몇 년 새 급부상한 변수가 'OPEC+'다. 사우디아라비아가 주도하는 석유수출국기구(Organization of the Petroleum Exporting Countries · OPEC)에 러시아와 친한 비OPEC 산유국들이 합세해 힘을 키웠다. 원유 공급의 고삐를 쥔 OPEC+의 감산 결정은 국제유가를 띄워 올리는 요인이다. 중동지역의 지정학도 원유 공급에 큰 영향을 미친다.

최근에는 국제 원유시장에서 미국의 영향력도 상당해졌다. 미국이 셰일오일(shale oil) 혁명을 통해 세계 최대 산유국으로 부상하면서다. 단단한 진흙 퇴적암층에 있는 셰일오일, 셰일가스(shale gas)는 한동안 개발하기 어려웠지만 '수압파쇄법'(fracking)이라는 채굴공법의 개발로

북미에 집중된 셰일 광구에서 산유량이 급증했다. 수압파쇄법은 물과 모래, 화학약품 등을 섞은 혼합액을 고압으로 분사해 퇴적암층을 부수는 공법이다. 외신에서는 셰일원유 생산을 통틀어 fracking이라고 한다.

경기와 관련한 투자심리도 중요하다. 경기 전망이 밝으면 원유 수요가 늘어날 것이라는 기대로 유가가 오르고, 경기 전망이 어두우면 유가가 내리기 쉽다. 로이터 기사에서 키슬러 부사장은 유로존의 경제지표 부진이 국제유가의 조정(correction) 요인 가운데 하나가 됐다고 짚었다. 그가 언급한 경제활동(economic activity)은 유로존의 2분기 성장률을 의미한다.

키슬러는 주요 6개 통화 대비 달러 가치를 나타내는 달러지수(Dollar Index)가 신고점을 기록한 것도 유가에 악재가 된 것으로 봤다. 달러 가치가 오르면 달러로 가격을 매기는 국제 상품가격은 하락하고, 달러값이 내릴 때 상품가격은 상승한다.

Keyword Expressions

- crude oil 원유(petroleum 석유)
- refine 정제하다
- barrel 배럴
- settle at 가격이 ～에 체결되다
- on top of ～외에, ～뿐 아니라
- corrective pressure 조정압력 *correction 조정(주식 등 자산가격이 최근 고점에서 10% 이상, 20% 미만 하락하는 경우)
- expiration date 만기일 / delivery date 인도일
- front-month contract 근월물
- fracking 수압파쇄법(셰일원유 생산 공법), 셰일원유 생산

상품시장에서 금이 빛나는 이유

이자없는 안전자산

상품은 보통 외환, 주식, 부동산 등과 더불어 위험자산(risk asset)으로 분류한다. 변수가 다양해 가격 변동성(volatility)이 큰 데다, 상품시장에서는 특히 선물과 옵션 등 파생상품 거래를 통한 투기(speculation)가 성행하기 때문이다.

금은 상품시장에서 손꼽히는 안전자산(safe asset)이다. 안전자산은 safe haven이라고도 한다. haven은 원래 항구(harbor)라는 뜻이다. 금융시장에서 safe haven은 안전도피처라는 뜻으로 쓴다. tax haven은 세금을 내지 않거나 줄이려고 피신하는 곳, 조세피난처를 의미한다.

안전자산, 위험자산과 관련해 금융시장에서 자주 쓰는 용어 중에 '리스크온(risk on), 리스크오프(risk off)'라는 것도 있다. 간단히 'RORO'라고 한다. RORO는 거시경제나 지정학적 역학관계 등에 호재가 나타나면 투자자들이 일제히 위험자산을 매입(risk on)하고, 반대로 악재가 불거지면 위험자산을 매도(risk off)하는 리스크 거래를 말한다. 리스크오프가 성행할 때 수요가 몰리는 대표적인 자산이 바로 금이다.

이렇듯 금은 심리적으로 매우 민감한 척도로 '심리적 안전자산'이라고도 한다. 경제와 금융시스템이 탄탄하고, 전쟁 같은 큰 격변이 없다면 투자자는 금을 사지 않는다. 반면 인플레이션이나 지정학적 불안을 우려한다면 금 수요가 늘어날 것이다. 금 시세가 다가올 위협에 대한 선행지표(leading indicator) 역할을 하는 셈이다.

실제로 금은 다른 상품들보다도 훌륭한 인플레이션 헤지(hedge · 위험회피) 투자처다. 화폐가치가 떨어져도 귀한 금이 갖는 본연의 가치는 변하지 않아서다. 달러가 약세일 때 금값은 오름세를 타는 게 보통이다. 국제 금값을 달러로 매기기 때문이기도 하다.

금은 원유를 비롯한 다른 원자재들과 달리 코인(coin)이나 바(bar), 다양한 장신구 등의 형태로 개인이 직접 현물 거래를 통해 보유할 수 있다. 상장지수펀드(ETF), 금광업체 주식, 뮤추얼펀드 등을 통한 간접 투자도 가능하다. 국제 금융시장에서는 금값과 관련해 미국의 뉴몬트 코퍼레이션(Newmont Corporation), 캐나다의 배릭골드 코퍼레이션(Barrick Gold Corporation) 같은 간판급 금광업체의 주가와 실적, 세계 최대 금 ETF인 'SPDR Gold Shares ETF' 등을 주목한다.

Gold is considered a safe haven in times of economic uncertainty, particularly as a hedge against inflation. Last year, amid the highest inflation in four decades, rising geopolitical uncertainty after Russia invaded Ukraine, and the looming threat of a global recession, demand for gold rose to its highest in more than a decade, as institutional and retail investors alike ramped up their purchases of the yellow metal.*

———

Gold prices settled at $1,831.80 per troy ounce on Thursday, its lowest close since March. That comes after the price of the precious metal has declined over the past few months, with the selloff accelerating in recent weeks due to a surge in bond yields and the dollar.

Investors tend to prefer government bonds over gold when yields are high, because they offer regular coupon payments. A rise in the greenback's value makes it costlier for foreign investors to purchase gold, whose price is denominated in dollars.*

———

* Global Gold Demand Down From Last Year But Still Robust, World Gold Council Says, Investopedia(20231104)
** Gold is losing its dazzle, CNN(20231006)

금은 경제적 불확실성의 시기에 안전한 피난처로, 특히 인플레이션에 대한 위험회피 수단으로 여겨진다. 지난해 40년 만에 가장 높은 인플레이션과 러시아의 우크라이나 침공 이후의 지정학적 불확실성의 증가, 그리고 세계적인 침체 위협이 나타나면서 기관투자가들과 개인투자자들이 똑같이 황금 구매를 늘리면서 금에 대한 수요가 10여년 만에 최대로 늘었다.

———

금 가격은 지난 목요일 트로이온스당 1831.80달러로 마감했다. 지난 3월 이후 최저 마감가다. 최근 몇 주간 국채 수익률과 달러의 급등으로 투매가 가속화하는 등 금값이 지난 몇 개월간 하락한 데 따른 것이다.

투자자들은 수익률이 높을 때 금보다 국채를 선호하는 경향이 있다. 국채가 정기적으로 쿠폰을 지급하기 때문이다. 달러 가치가 상승하면 외국인 투자자들이 금을 매수하는 비용이 늘어난다. 금의 가격이 달러로 매겨지기 때문이다.

물론 국제 상품시장에서 금 가격은 다른 주요 원자재와 마찬가지로 선물을 기준으로 삼는다. 세계 최대 금 선물 거래소인 미국 뉴욕상품거래소(Commodity Exchange · COMEX)의 근월물 선물가격이 벤치마크다.

COMEX에서 금 선물가격은 트로이온스(troy ounce)당 달러 단위로 매긴다. 트로이온스는 그냥 온스라고도 하는데, 1트로이온스는 약

31.1g이다. 우리가 쓰는 단위인 1돈은 3.75g, 10돈인 1냥이 37.5g이다.

외신에서 금은 gold 외에 bullion이라고도 한다. bullion은 금괴와 은괴를 포괄하기 때문에 구체적으로 gold bullion이라고도 쓴다. 예문에서는 'the precious metal'과 'the yellow metal'로 반복을 피했다.

첫 예문은 세계금협회(World Gold Council · WGC)의 보고서 내용을 다뤘다. WGC는 글로벌 금 생산 · 투자업계를 대변하는 이익단체다. 금 수급 상황이나 가격 현황 및 전망 등에 대한 보고서를 낸다. WGC는 지난해 인플레이션과 우크라이나 전쟁 탓에 급격히 고조된 불확실성이 금 수요를 크게 늘렸다고 짚었다.

금값에 호의적인 거시적인 불확실성 속에서도 가격 상승세가 마냥 지속되기는 어렵다. 언제든 다른 악재가 불거질 수 있기 때문이다. 두 번째 예문에 따르면 미국 국채 수익률(금리)과 달러 가치 급등세가 한동안 금 투매를 자극하며 금값을 떨어뜨렸다. Fed가 인플레이션을 통제하기 위해 고금리 기조를 거듭 재확인한 게 미국 국채 수익률과 달러 가치 상승의 배경이 됐다. 달러 강세는 달러로 가격을 매기는 금값을 떨어뜨리는 요인인 동시에 환율 부담이 커진 외국인의 금 수요를 위축시키는 요인도 된다.

미국 국채와 금의 관계는 어떨까. 시장에서는 모두 최고의 안전자산으로 꼽지만, 두 자산 사이에는 큰 차이가 있다. 미국 국채는 다른 채권과 마찬가지로 원금과 더불어 고정이자(쿠폰금리)를 보장하지만, 금은 보유하고 있는 동안 따로 이자가 붙지 않는다. 따라서 유통시장에서 미국 국채 수익률이 오르면 새로 발행하는 미국 국채의 쿠폰금리도 뛰기 때문에 안전자산 투자자들은 더 많은 이익을 챙길 수 있는 미국 국채를 선호하게 된다. 미국 국채 수익률이 올랐다는 건 시중금리가 올랐다는 의미이기도 하다. 이자를 받지 못하는 금 투자자에게 금리 상승은 곧 금을 보유하는 동안 감수해야 하는 기회비용(opportunity cost)이 된다. 금리상승기에 금은 투자 매력을 잃게 되는 셈이다.

Keyword Expressions

- risk asset 위험자산
- safe asset 안전자산(safe haven asset) / risk free asset, riskless asse 무위험자산
- safe haven 안전도피처 / tax haven 조세피난처
- hedge 위험회피
- sell(-)off 투매
- greenback 달러
- denominate 액수를 매기다
- bullion 금(은)괴, 많은 양의 금(은)
- opportunity cost 기회비용

비금속의 王 '닥터 코퍼'

가장 널리 활용되는 금속

비금속(base metal)은 귀금속의 반대말이다. 귀한 금속이 아니라 비천한(卑) 금속이라는 뜻이다. 실제로 비금속은 흔하고, 귀금속보다 훨씬 저렴하다. 세계 곳곳에서 충분히 생산할 수 있어 공급이 안정적이기 때문이다. 알루미늄, 아연(zinc), 구리(copper) 등이 대표적이다. 제조업과 건설업 등 산업 전반에 두루 쓰여 우리 생활에 없어서는 안 되는 원자재다.

'비금속의 왕'(king of base metals)으로 꼽히는 게 구리다. 가장 널리 활용되는 금속이기 때문이다. 구리는 그 자체는 물론, 황동이나 청동처럼 다른 금속과의 합금 형태로도 많이 쓴다.

시장에서 구리는 경제학 박사학위를 가진 금속, 이른바 '닥터 코퍼'(Doctor Copper)로 통하기도 한다. 구리가 주택, 인프라, 제조업 등 경제의 거의 모든 부문에 폭넓게 쓰이는 만큼 구리 가격 동향으로 향후 경기를 가늠할 수 있다는 이유에서다. 구리 가격이 상대적으로 비싼 가운데 오르는 추세라면 수요가 왕성하다는 뜻이다. 세계 경제의 성장을 기대해도 좋을 때다. 반대로 구리 가격이 싸고 떨어지는 추세라면 수요가 부진하다는 의미로 불황을 걱정할 만하다. CME그룹이 2022년 5월에 낸 보고서(A curious case of Dr. Copper)에 따르면 구리 가격은 세계 경제, 특히 최대 수요국인 중국 경제의 흐름과 매우 높은 상관관계를 보여줬다. 국제유가와 금 또는 은 가격과도 눈에 띄게 비슷한 흐름을 나타냈다.

구리 가격으로 경기 향방에 대한 단서를 찾을 수 있다면, 구리 가격을 미리 예측할 수는 없을까. 재고(inventory)를 보면 된다. 특히 영국 런던금속거래소(London Metals Exchange · LME)의 보고서가 유용하다. LME는 구리뿐 아니라 알루미늄, 아연, 납(lead), 주석(tin), 니켈 등 주요 산업용 금속을 거래하는 대표적인 선물거래소다. 재고가 적다는 것은 제조업이 활기를 띤다는 신호이고, 재고가 많으면 수요 부진, 즉 공장이 잘 돌아가지 않고 있다는 의미다.

물론 구리 가격이 경기 흐름과 무관하게 움직일 때도 있다. 지진이나 파업 등에 따른 일시적인 공급 부족이 구리 가격을 띄워 올릴 수 있고, 반대로 공급 과잉이 구리 가격의 급락을 야기할 수도 있다. 세계 최대 구리 생산국은 칠레다. 전 세계 공급량의 3분의 1을 생산한다.

A sputtering recovery in China has dragged copper prices to a five-month low, delaying one of the most widely anticipated bull runs in commodity markets.

Copper's benchmark futures contract closed Friday at $8,272 a metric ton, down 6.9% over the past month.

......

Copper is a key material for home-building and electronics, and its price is often looked to as a barometer of economic health. Its rally early this year was fueled by expectations that China—the world's largest consumer of commodities—would see a manufacturing and construction boom after the country abandoned its zero-Covid policy.

Then last week, data showed that consumer prices in China rose at their slowest pace in two years in April and that new yuan loans issued by Chinese banks were lower than market expectations. More data released Tuesday revealed that retail sales, factory production and fixed-asset investment also fell short of forecasts.*

---

* China's Wavering Recovery Reverses Copper Rally, The Wall Street Journal(20230520)

중국의 부진한 회복세가 구리 가격을 5개월 만에 최저치로 끌어내리며 상품시장에서 가장 널리 기대됐던 강세장 중 하나를 지연시키고 있다.

구리의 벤치마크 선물계약은 금요일에 톤당 8,272달러로 마감해 한 달 새 6.9% 하락했다.

……

구리는 주택건설과 전자제품의 핵심 소재이고, 그 가격은 경제 건전성의 바로미터로 여겨지는 경우가 많다. 올해 초 구리의 랠리는 세계 최대 원자재 소비국인 중국이 제로 코로나 정책을 포기한 이후 제조 · 건설업 호황을 누릴 것이라는 기대감에 힘입은 것이다.

그러다가 지난주, 중국의 지난 4월 소비자물가가 2년 만에 가장 느린 속도로 상승했고 중국 은행들이 내준 신규 위안화 대출이 시장의 예상보다 저조했다는 지표가 발표됐다. 화요일에 발표된 더 많은 지표들은 소매판매, 공장생산, 고정자산투자도 예상치에 못 미쳤음을 보여줬다.

상품시장에서 구리 가격은 LME에서 거래되는 만기 3개월짜리 구리 선물가격을 기준으로 삼는다. 가격은 메트릭톤(metric ton), 즉 톤(1000kg)당 달러로 매긴다.

예문은 중국이 제로 코로나 정책에 따른 경제 봉쇄를 풀었지만, 중국 경제의 회복세가 기대에 못 미쳐 구리 가격이 급락했다고 지적한다. 중국 경제가 구리 가격에 얼마나 큰 영향을 미치는지 잘 보여준다. 구리뿐 아니라 제조·건설업과 관련한 다른 주요 원자재들도 마찬가지다. 상품시장의 핵심 변수인 중국 경제의 흐름을 읽으려면 신규 위안화 대출, 소매판매, 공장생산, 고정자산투자 등 중국의 주요 경제지표를 주시할 필요가 있다. 고정자산투자는 도시지역의 공장, 도로, 전력망, 부동산 등에 대한 자본투자 규모를 보여준다.

Keyword Expressions

- base metal 비금속
- zinc 아연
- copper 구리
- lead 납
- tin 주석
- inventory 재고
- bull run 급등(시기), 강세장(bull market)
- new yuan loans 신규 위안화 대출
- retail sales 소매판매
- factory production 공장생산
- fixed-asset investment 고정자산투자

10

CHAPTER

위 기

호황은 대참사로 끝났다

1920년대 세계 경제는 미국과 유럽을 중심으로 황금기를 누렸다. 제1차 세계대전이 끝난 뒤 대호황이 이어지면서 'Roaring Twenties'라는 말이 유행했을 정도다. 보통 '포효하는 20년대', '광란의 20년대'라고 쓴다. 전후 새로 재편된 세계질서 속에 평화와 번영이 이어지면서 국부가 급증했다. 너나 할 것 없이 흥청망청하며 늘린 빚은 증시로 대거 흘러들었다. 덕분에 미국 뉴욕증시 다우지수는 1923년 10월 말에서 1929년 9월까지 거의 6년에 걸쳐 345% 급등하는 20세기 최고의 강세장(bull market)을 뽐냈다. 1921년 8월 저점까지 시간을 되돌리면 8년여간 무려 6배나 올랐다.

주가가 천정부지로 치솟자 미국 중앙은행인 Fed가 '과도한 투기'(excessive speculation)를 경계하기도 했지만, 실제 대응은 소극적이었다.

그 사이 맹목적인 낙관론이 시장을 집어삼켰다. 투자자들은 역사적인 강세장이 마냥 지속될 것으로 믿었다. 당대 미국에서 가장 유명한 경제학자 가운데 하나였던 어빙 피셔(Irving Fisher)도 마찬가지였다. 그는 한 만찬에서 "주가가 '영원한 고원 같은 경지'에 도달했다"며 주가의 고공행진이 계속될 것으로 확신했다. 뉴욕타임스(The New York Times)가 1929년 10월 16일자에서 전한 피셔의 이 발언은 미국 증시 역사상 최악의 '망언'으로 여전히 회자된다.

The Roaring Twenties roared loudest and longest on the New York Stock Exchange. Share prices rose to unprecedented heights. The Dow Jones Industrial Average increased six-fold from sixty-three in August 1921 to 381 in September 1929. After prices peaked, economist Irving Fisher proclaimed, "stock prices have reached 'what looks like a permanently high plateau.'"

The epic boom ended in a cataclysmic bust. On Black Monday, October 28, 1929, the Dow declined nearly 13 percent. On the following day, Black Tuesday, the market dropped nearly 12 percent. By mid-November, the Dow had lost almost half of its value. The slide continued through the summer of 1932, when the Dow closed at 41.22, its lowest value of the twentieth century, 89 percent below its peak. The Dow did not return to its pre-crash heights until November 1954.*

포효하는 20년대는 뉴욕증시에서 가장 크고 길게 아우성쳤다. 주가는 전례 없는 최고치로 올랐다. 다우존스산업평균지수는 1921년 8월 63에서 1929년 9월 381로 6배 상승했다. 주가가 정점에 이른 뒤 경제학자 어빙 피셔는 "주가가 '영원한 고원 같은 경지'에 도달했다"고 선언했다.

대서사시와 같은 호황은 대참사로 끝이 났다. 1929년 10월 28일 블랙먼데이에 다우지수는 거의 13% 하락했다. 그 다음날인 블랙튜즈데이에도 시장은 거의 12% 내렸다. 같은 해 11월 중순까지 다우지수는 거의 절반의 가치를 잃었다. 하락은 1932년 여름까지 계속되었는데, 이때 다우지수는 최고점보다 89% 낮은 20세기 최저치인 41.22로 마감했다. 다우지수는 1954년 11월에야 폭락 이전의 최고점을 회복했다.

피셔의 강세장 지지 선언은 한 달여 전 로저 뱁슨(Roger Babson)이 한 경고에 대한 반격이었다. 미국 기업가이자 경제학자로, 뱁슨 칼리지

---

* Stock Market Crash of 1929, federalreservehistory.org

(Babson College) 설립자로도 유명한 뱁슨은 1929년 9월 5일 한 콘퍼런스에서 "우리 역사 그 어느 때보다도 많은 이들이 요즘 돈을 빌려 투기를 하고 있다. 머잖아 대폭락이 일어날 것이다. 그리고 그것은 엄청날 것"(More people are borrowing and speculating today than ever in our history. Sooner or later a crash is coming, and it may be terrific)이라고 말했다.

이 바람에 다우지수가 3% 급락하는 '뱁슨 브레이크'(Babson break)가 뒤따랐지만, 당시 투자자들은 이를 시장의 '건전한 조정'(healthy correction)이자, 절호의 '매수 기회'(buying opportunity)로 여겼다. 피셔도 같은 해 10월 23일 한 연설에서 증시 낙관론을 거듭 확인했다.

피셔를 비롯한 증시 강세론자들은 이튿날 큰 충격에 빠지고 만다. 1929년 10월 24일 뉴욕증시 개장과 함께 다우지수가 11% 폭락한 것이다. 이날은 미국 증시 최악의 참사로 꼽히는 '1929년 월가 대폭락'(Wall Street Crash of 1929)의 시작일로 기억된다. 이른바 '블랙써스데이'(Black Thursday)다. 미국 역사상 최대 규모의 투매(sell-off)가 일어난 날이기도 하다. 시장이 붕괴하는 대폭락 사태를 crash라고 한다. 1929년 월가 대폭락은 'Great Crash'라고도 한다.

그나마 대형은행과 투자은행들이 주식을 대거 사들여 블랙써스데이의 장 마감 때는 낙폭이 2.1%로 줄었지만, 오래 버티지는 못했다. 다우지수는 10월 28일(블랙먼데이) 다시 13% 가까이 추락했고, 그 이튿날(블랙튜즈데이)에도 12%가량 떨어졌다. 1929년 9월 3일 381.17로 당시 역대 최고점을 찍은 다우지수는 1932년 7월 8일 41.22까지 89% 떨어졌다. 지수는 1954년 11월 23일에야 사반세기 전에 찍은 최고점을 다시 넘어 383선에 도달했다.

전문가들은 막대한 채무를 동원한 투기가 1929년 월가 대폭락의 배경이 됐다고 지적한다. 실제로 많은 초보 개인 투자자들이 빚을 거머쥐고 뛰어든 당시 주식시장은 주가가 계속 오르지 않으면 유지될 수 없는 구조였다.

Fed가 1929년 8월 뉴욕 연방준비은행의 재할인율(discount rate) 인상 요청을 몇 차례 거절한 끝에 묵인한 것도 증시 폭락을 부추겼다. 재할인율은 Fed가 상업은행이나 다른 예금취급기관에 통상 하루짜리인 긴급 단기대출을 제공할 때 적용하는 금리다. 재할인율 인상은 시장 금리상승 요인으로 돈줄을 죄는 역할을 한다. 뒤늦은 대응이었지만, 이 조치는 미국의 채무거품을 터뜨리고 다른 주요국 중앙은행들의 금리

Keyword Expressions

- Roaring Twenties 포효하는 20년대, 광란의 20년대
- speculation 투기
- cataclysmic 대격변의
- bust 파멸, 실패(작)
- correction 조정
- sell(-)off 투매
- crash 대폭락
- discount rate 재할인율
- Great Depression 대공황

인상 경쟁을 부추기면서 궁극적으로 1930년대 전 세계를 휩쓴 '대공황'(Great Depression)의 마중물이 됐다.

월가가 패닉에 빠졌다

패닉(panic)은 극심한 공포를 뜻한다. 논리적인 사고를 멈춰 세울 만큼 갑작스럽고 강도가 센 충격이다. 패닉에 빠지면 위기의 해법은 물론 원인조차 되짚어볼 겨를이 없다. 30여년 전 세계 금융중심지 월가가 그야말로 패닉에 빠졌다. 뉴욕증시의 미국 대표기업 지수인 다우지수가 하루 만에 508포인트, 무려 23% 추락했다. 최근 포인트 기준으로는 낙폭이 5200포인트에 이른다. S&P500지수도 20% 넘게 주저앉았다. 세계 주요 매체들은 당시 '월가가 패닉에 빠졌다'고 긴급 타전했다. 글로벌 증시 최악의 참사 가운데 하나로 꼽히는 1987년 10월 19일 '블랙먼데이' 얘기다.

보통 '블랙먼데이'는 1987년 10월 19일의 뉴욕증시 폭락사태를 말한다. 앞서 다룬 1929년 월가 대폭락 사태는 '블랙먼데이'보다 '블랙써스데이'와 '블랙튜즈데이'에 방점을 찍는다.

블랙먼데이 앞에도 기나긴 강세장이 있었다. 1982년 8월 776선에 있던 다우지수는 1987년 8월 2722선에서 정점을 찍었다. 같은 기간 글로벌 증시도 호황을 누렸다. 시가총액 상위 19개 간판 지수들이 평균 296% 뛰었다. 다우지수가 1987년 들어 불과 8월 말까지 44% 치솟자 자산거품(asset bubble)을 둘러싼 우려도 고조되고 있었다.

The first contemporary global financial crisis unfolded in the autumn of 1987 on a day known infamously as "Black Monday." A chain reaction of market distress sent global stock exchanges plummeting in a matter of hours. In the United States, the Dow Jones Industrial Average (DJIA) dropped 22.6 percent in a single trading session, a loss that remains the largest one-day stock market decline in history. At the time, it also marked the sharpest market downturn in the United States since the Great Depression.

The Black Monday events served to underscore the concept of "globalization," which was still quite new at the time, by demonstrating the unprecedented extent to which financial markets worldwide had become intertwined and technologically interconnected. Black Monday led to a number of noteworthy reforms, including exchanges developing provisions to pause trading temporarily in the event of rapid market sell-offs. In addition, the Federal Reserve's response set a precedent for the central bank's use of "liquidity" to stem financial crises.*

당대 첫 글로벌 금융위기는 1987년 가을 '블랙먼데이'로 악명 높게 알려진 날 일어났다. 시장 고통의 연쇄반응은 겨우 몇 시간 만에 글로벌 증권거래소들을 곤두박질치게 했다. 미국에서는 다우존스산업지수가 불과 한 정규장 만에 22.6% 떨어졌다. 역대 최대 하루 증시 낙폭 기록으로 남아 있는 손실이다. 당시로는 대공황 이후 미국에서 가장 급격한 시장 침체를 기록하기도 했다.

블랙먼데이 이벤트는 전 세계 금융시장들이 서로 얽혀있고 기술적으로 상호 연결된 정도가 유례없는 수준임을 드러냄으로써 당시로는 여전히 새로웠던 '세계화'라는 개념을 분명히 보여주는 데 기여했다. 블랙먼데이는 거래소들이 급격한 시장 매도세가 발생할 경우 거래를 일시 중단하는 규정을 만들게 하는 등 여러 가지 주목할 만한 개혁들을 이끌어냈다. 게다가 Fed의 대응은 금융위기를 막기 위한 중앙은행의 '유동성' 활용 선례를 만들었다.

---

* Stock Market Crash of 1987, federalreservehistory.org

1980년대 말 컴퓨터 보급으로 초창기 프로그램 매매가 확산된 게 블랙먼데이를 촉발했다는 분석이 많다. 요즘은 고성능 컴퓨터의 자동 주문거래 프로그램을 통한 초단타매매(high-frequency trading · HFT)를 넘어, 인공지능(artificial intelligence · AI)을 갖춘 로봇거래가 투자자들의 탐욕을 부추기고 있다.

미국의 달러패권(dollar hegemony)을 문제 삼는 이들도 있다. 미국이 1985년 독일(당시 서독)과 일본의 수출 공세를 막기 위해 프랑스, 독일, 일본, 영국과 맺은 '플라자 합의'(Plaza Accord)로 조성된 달러 약세 환경이 증시 거품을 키웠다는 지적이다. 미국은 플라자 합의를 통해 독일 마르크화와 일본 엔화의 평가절상(appreciation)을 유도했다. 덕분에 미국은 수출에 해가 되는 달러 강세 위협에서 벗어나 무역수지 불균형을 해소할 수 있었다. 약세로 기울어진 달러는 미국 수출기업과 아울러 증시에도 호재로 작용했다.

미국은 1987년 2월에는 반대로 달러 가치 하락에 제동을 걸기 위해 '루브르 합의'(Louvre Accord)를 맺으며 화를 자초하기도 했다. Fed가 기준금리 인상을 비롯한 통화긴축으로 달러 띄우기에 나서면서 부담을 느낀 증시가 뒤로 밀리기 시작한 것이다.

Fed는 시장의 구원자 역할도 톡톡히 했다. Fed가 이른바 '최종대부자'(lender of last resort · LoR)로 나선서기 시작한 게 바로 이때다. 최종대부자는 심각한 금융불안이 발생할 때마다 '최후의 보루'로서 마지막까지 돈을 대는 중앙은행의 역할에서 비롯된 말이다. 앨런 그린스펀(Alan

Greenspan) 당시 Fed 의장은 블랙먼데이 바로 다음날 이례적인 성명을 통해 중앙은행으로서 책임감을 갖고 경제·금융시스템을 떠받치기 위한 유동성을 공급할 준비가 돼 있다고 밝혔다. 이에 따라 Fed는 공개시장조작(open market operation)을 통해 시중에 유동성을 공급하고, 은행들을 설득해 증권사에 자금을 지원하도록 했다. 일부 기업은 맞춤형 지원도 받았다. 기준금리도 여러 차례 낮췄다.

취임 2개월 만에 블랙먼데이를 맞은 그린스펀은 20년 가까이 미국의 경제대통령으로 군림하며 위기 때마다 적극적인 통화완화정책으로 시장과 경제의 반등을 이끌었다. 시장에서는 그린스펀의 강력한 통화부양 조치를 '그린스펀 풋'(Greenspan put)이라고 한다. 그가 자산 가격의 하락 위험에 대비할 수 있는 파생상품(derivatives)인 '풋옵션'(put option) 역할을 했다는 의미다. 그린스펀 풋은 1990년대 말 닷컴버블(dot-com bubble)과 2000년대 중반 미국 부동산시장의 거품을 만들어 궁극적으로 글로벌 금융위기의 불씨가 됐다는 비판도 받는다.

- contemporary 동시대의, 현대의
- unfold 펼치다, 펼쳐지다
- chain reaction 연쇄반응
- plummet 곤두박질치다, 급락하다
- in a matter of hours 불과 몇 시간 만에
- trading session 정규장
- intertwine 뒤얽히다
- liquidity 유동성
- high-frequency trading(HFT) 초단타매매
- appreciation 평가절상(revaluation) / depreciation 평가절하(devaluation)
- lender of last resort(LoR) 최종대부자
- open market operation 공개시장조작

3

2001~2002년 닷컴버블 붕괴

오르막보다 가파른 내리막

1990년대 인터넷은 정치·경제·사회 전 분야에서 패러다임의 전환을 예고했다. 이에 대한 기대는 주식시장으로 옮겨 붙었다. 1990년대 말 아시아 외환위기로 홍역을 치른 투자자들에게 인터넷이 약속한 '신경제'(New Economy)는 절호의 기회로 보였다.

미국 뉴욕증시 기술주 지표인 나스닥지수는 1995년 7월 사상 처음 1,000선을 돌파하고 1998년에는 2,000선마저 뛰어넘었다. 2000년 3월 10일 당시 기준 역대 최고치인 5048.62에 도달하기까지 나스닥의 폭주는 거침없었다. 하지만 이때부터 시작된 내리막은 오르막보다 훨씬 더 가팔랐다. 지수는 2002년 10월 4일까지 다시 77% 추락하며 1,139.90으로 주저앉았다. '닷컴버블'(dot-com bubble)이 마침내 터지고야 만 것이다. 나스닥지수는 15년 뒤에야 다시 2000년의 최고점을 회

242

복할 수 있었다.

1998~99년의 저금리 기조 속에 시장엔 돈이 넘쳤고, 나스닥시장에는 1997년부터 뭉칫돈이 유입되기 시작했다. 1999년까지 3년간 전체 벤처캐피털(venture capital) 투자금의 39%가 인터넷 기업에 몰렸다. 1999년부터 2000년까지 나스닥시장에서 기업공개(initial public offering · IPO)를 한 기업만 880곳이 넘는다. 투자은행(investment bank)들은 IPO 과정에서 발생하는 막대한 수수료 수입을 노리고 닷컴 투기를 부추기기도 했다.

급기야 2000년 1월에는 당시 미국 최대 인터넷 기업으로 꼽히던 AOL(America Online)이 미디어콘텐츠그룹 타임워너(Time Warner)를 인수해 'AOL타임워너'로 거듭났다. 당시로서는 역대 최대인 1650억 달러를 들인 세기의 '메가딜'(mega deal)은 닷컴 투자 열기를 끌어올리기 충분했다.

문제는 당시 인터넷 투자 붐에 편승한 기업들 가운데 상당수가 사실상 껍데기에 불과했다는 점이다. 많은 기업이 투자받기 위해 회사 이름에 '닷컴'이나 'e'를 붙였을 뿐이다. 실체 없는 기업이 많았기 때문에 닷컴버블 붕괴의 충격을 견디고 아마존(Amazon)처럼 지금까지 살아남은 기업은 손에 꼽을 정도다.

거품이 터진 건 묻고 따지지 않고 밀어주던 자금이 말라버렸기 때문이다. 2000년대로 들어설 때 불거진 'Y2K'(Year 2000) 문제로 인터넷 투자에 제동이 걸린 데다 Fed가 인플레이션 위협에 맞서 금리인상에 나선 게 결정적이었다. 닷컴버블 붕괴로 금이 간 AOL과 타임워너의 결합은 사상 최악의 합병 사례로 거론된다.

The Nasdaq Composite Index needed 31 months to plunge 78 percent after the Internet bubble burst in 2000. Climbing out of the hole took more than 12 years.

Led by a 132-fold increase in Apple Inc. and a 13-fold jump in Google Inc., stocks in the gauge on Thursday cleared the record 5,048 threshold that taunted investors for 15 years as a symbol of dot-com excess. The Nasdaq has advanced more than 350 percent since bottoming in October 2002 after the slump erased about $6 trillion from American equity prices.

Six years into a rally that began at the depths of another crisis, money managers say technology stocks are safer now than they were a decade and a half ago. The biggest difference is valuation. While the Nasdaq 100 Index trades for about 24 times full-

* Dot—Com Nightmare Is Over as Nasdaq Retakes Record Lost in 2000. Bloomberg(20150424)

year earnings today, too few of its members had profits even to calculate a ratio in 2000.*

나스닥종합지수는 2000년 인터넷 버블 붕괴 이후 78% 폭락하는 데 31개월이 걸렸다. 그 구멍을 벗어나는 데는 12년이 더 걸렸다.

애플의 132배 상승과 구글의 13배 상승을 필두로, 목요일 이 지표에 있는 주식들은 15년 동안 닷컴 과잉의 상징으로 투자자들을 조롱했던 기록적인 5048이라는 문턱을 제거했다. 나스닥은 폭락으로 미국 주가를 6조 달러가량 지워버린 뒤 2002년 10월 바닥을 친 후 350% 넘게 상승했다.

또 다른 위기 속에 시작된 랠리가 시작된 지 6년이 지난 지금, 머니매니저들은 기술주들이 10년 반 전보다 더 안전해졌다고 말한다. 가장 큰 차이는 밸류에이션이다. 나스닥100지수는 오늘날 연간 순이익의 약 24배에 거래되고 있는데 반해 2000년에는 비율을 계산할 수 있는 수익이나마 있는 종목들이 너무 적었다.

예문은 나스닥지수가 닷컴버블 붕괴 15년 만에 최고점을 다시 돌파했을 때 금융 · 경제 전문 뉴스통신사 블룸버그(Blooomberg)가 쓴 기사의 일부다. 블룸버그에 따르면 나스닥지수는 닷컴버블 붕괴로 2002년 10월 바닥을 치기까지 31개월간 6조 달러에 이르는 시가총액을 잃었다.

막대한 자금을 운용하는 투자매니저들은 나스닥시장이 닷컴버블 때보다 더 안전해졌다고 진단했다. 닷컴버블이 한창일 때는 순이익(earnings, profits)을 내는 인터넷 기업들이 거의 없어 '주가수익비율'(price-earnings ratio · PER)을 산출하기조차 어려웠지만, 이제는 나스닥시장에서 비금융권 종목만 선별해 구성한 기술주 대표 지수인 나스닥100의 PER을 구할 수 있게 됐다는 것이다. PER은 실적 대비 주가 수준, 이른바 밸류에이션(valuation)을 측정하는 지표다. 주가를 주당순이익(earnings per share · EPS)으로 나눈 값으로, 주가가 EPS의 몇 배를 나타내는지 보여준다.

주목할 건 2015년 4월 당시 나스닥100지수의 연간 순이익 기준 PER이 24배라는 대목이다. 나스닥100지수의 PER은 2009년 말 13배 수준이었다. 불과 5년여 만에 주가 수준이 2배 가까이 뛴 셈이다. 당시 나스닥시장의 호황은 글로벌 금융위기로 쑥대밭이 됐던 증시 전반의 급격한 회복 국면과 맞물린다. Fed가 글로벌 금융위기 극복을 위해 푼 천문학적인 경기부양자금이 증시 회복의 밑천이 됐다.

246

Keyword Expressions

- initial public offering(IPO) 기업공개
- taunt 조롱하다, 비웃다
- threshold 문지방, 문턱, 한계점
- through the roof[ceiling] 극도로 높은, 지나치게 비싼 *go through the roof[ceiling] 급등하다, 치솟다
- market capitalization 시가총액(market cap, market value)
- earnings 순이익(profits)
- price-earnings ratio(PER) 주가수익비율 *P/E (ratio)
- earnings per share(EPS) 주당순이익

4

글로벌 금융위기 · 코로나 팬데믹

탐욕을 경계하라

2008년 9월 15일. 미국 4위 투자은행 리먼브러더스(Lehman Brothers)가 파산했다. 당시 이 은행의 자산은 6390억 달러, 부채가 6190억 달러에 달했다. 역대 최대 규모의 파산이었다. 미국 뉴욕증시의 다우지수는 하루 만에 500포인트 넘게 추락했다. 당시로서는 역대 최악의 폭락장 기록을 세운 2001년 9 · 11테러(684포인트) 이후 최대 낙폭이었다.

미국 부동산시장의 거품이 꺼지면서 촉발된 글로벌 금융위기(Global Financial Crisis · GFC)는 이미 한 해 전 유럽에서 시작됐다. 전문가들은 프랑스 투자은행 BNP파리바(BNP Paribas)가 미국 서브프라임 모기지론(subprime mortgage loan 비우량주택담보대출) 채권에 투자한 펀드 3개의 환매(redemption)를 중단한 2007년 8월 9일을 글로벌 금융위기의 시작점으로 본다. 이듬해 터진 리먼사태의 파장은 그 이상이었다. 별일 아닐 것이라며 평가절하했던 서브프라임 사태가 전 세계를 금융위기 공포로 몰아넣었다.

서브프라임 사태는 미국 부동산시장의 호황이 한창일 때 신용 수준이 낮은 이들에게 마구잡이로 주택담보대출을 내준 데서 비롯됐다. 리먼브러더스를 비롯한 월가 은행들은 당시 이들의 부실채권을 모아 만든 파생상품(derivatives)을 거래하며 위험을 키웠다.

리먼사태 이후 몰아닥친 세계 경제는 이른바 '대침체'(Great Recession)에 빠졌다. 미국 Fed를 비롯한 주요국 중앙은행들은 유례없는 경기부양책을 총동원해야 했다. 기준금리는 제로(0)에서 급기야 마이너스(−)까지 떨어졌고, 시중 자산을 매입해 돈을 푸는 양적완화(quantitative easing · QE)도 속속 도입됐다.

덕분에 세계 경제와 금융시장은 금융위기의 충격을 딛고 안정을 되찾기 시작했다. 경제가 회복되면서 글로벌 증시는 수년째 강세장을 지속했다. 중앙은행들은 통화정책 기조를 완화에서 긴축으로 되돌리기 시작했다.

2020년 3월 전혀 예상치 못한 악재가 불거졌다. 코로나19 사태가 터진 것이다. 2020년 3월 11일 세계보건기구(World Health Organization · WHO)의 '팬데믹'(Pandemic) 선언 전후로 글로벌 증시의 투매(sell-off)가 본격화했다. 미국 뉴욕증시의 다우지수는 2020년 3월 9일 2014포인트, 12일 2352포인트 떨어졌고, 16일에는 3000포인트 가까이 추락했다.

중앙은행들은 팬데믹 사태를 맞아 글로벌 금융위기 때보다 더 강력한 통화부양에 나섰다. 바이러스 확산을 막기 위해 취한 '봉쇄' (lockdown) 정책 탓에 전 세계 경제활동이 멈춰 섰기 때문이다. 국제통화기금(IMF)에 따르면 2020년 세계 경제 성장률은 −3.1%를 기록했다.

Animal spirits are famously running wild across Wall Street, but crunch the numbers and this bull market is even crazier than it seems.

Global stocks are now worth around $100 trillion. American companies have raised a record $175 billion in public listings. Some $3 trillion of corporate bonds are trading with negative yields.

……

Spurred by endless monetary stimulus and bets on a post-pandemic world, day traders and institutional pros alike are enjoying the easiest financial conditions in history.

"Sentiment indicators are moving to euphoria," said Cedric Ozazman, chief investment officer at Reyl & Cie in Geneva. "People are now jumping to invest amid fears they will miss the Santa Claus rally."*

야성적 충동은 월가 전체를 제멋대로 날뛰기로 유명하지만, 수치를 따져보면 이 강세장은 겉보기보다 훨씬 더 미쳤다.

전 세계 주식 가치는 현재 약 100조 달러에 이른다. 미국 기업들은 기업공개에서 사상 최대인 1750억 달러를 조달했다. 약 3조 달러의 회사채가 마이너스 수익률로 거래되고 있다.

……

끝없는 통화부양과 팬데믹 이후 세계에 대한 베팅에 고무돼 데이트레이더와 기관 전문가들은 모두 역사상 가장 완화적인 금융 조건을 누리고 있다.

스위스 제네바에 있는 은행그룹 라일&시에의 세드릭 오자즈먼 최고투자책임자는 "투자심리지표가 도취 수준으로 움직이고 있다"며 "사람들이 산타클로스 랠리를 놓칠 수 있다는 공포 속에 투자에 뛰어들고 있다"고 말했다.

문제는 중앙은행들이 쏟아낸 통화부양(monetary stimulus) 자금이 세계 경제와 금융시장을 침체에서 구해내는 동시에 시장을 또다시 과열 상태로 몰아넣었다는 점이다. 전문가들은 글로벌 금융위기를 촉발한 서

---

* A Speculative Frenzy Is Sweeping Wall Street and World Markets, Bloomberg(20201220)

브프라임 사태를 '비이성적 과열'(irrational exuberance), 곧 '탐욕'의 산물로 진단했는데, 금융위기에 맞선 초저금리 기조에서 풀린 '싼 돈'(easy money)이 탐욕의 불씨를 되살려낸 셈이다. 위험천만한 유럽 정크본드(junk bond)가 글로벌 금융위기 이후 10년간 투자자들에게 가장 높은 수익률을 안긴 최고의 승자로 꼽혔을 정도다.

예문은 2020년 말의 시장 과열을 '야성적 충동'(animal spirits), '도취'(euphoria)의 산물이라고 꼬집고 있다. 팬데믹 사태로 인한 폭락장이 진정된 지 1년도 안 돼 글로벌 증시의 시가총액이 급증하고, 기업들이 기업공개(IPO) 경쟁을 벌이는가 하면 마이너스 수익률의 회사채로 큰돈을 조달한다는 건 정상적이지 않다는 지적이다. 특히 '산타클로스 랠리'와 같은 절호의 기회를 혼자만 놓칠지 모른다는 공포, 이른바 'FOMO'(Fear of Missing Out 소외불안)는 투자자들을 몰아붙여 단기간 주가를 더 띄워 올릴 수 있지만, 탄탄하지 않은 기반은 무너지기 쉽다.

Keyword Expressions

- subprime mortgage loan 서브프라임 모기지론(비우량주택담보대출)
- derivatives 파생상품
- Great Recession 대침체
- quantitative easing(QE) 양적완화
- lockdown 봉쇄
- animal spirits 야성적 충동
- crunch (데이터를) 고속으로 처리하다
- public listing 기업공개(initial public offering · IPO)
- corporate bond 회사채
- negative yield 마이너스 수익률
- monetary stimulus 통화부양
- euphoria 도취
- irrational exuberance 비이성적 과열
- junk bond 투자부적격 채권(high yield bond)
- Fear Of Missing Out(FOMO) 소외불안